PROJET

D'UN

RECENSEMENT DU MONDE

ÉTUDE DE STATISTIQUE INTERNATIONALE

PAR

JOSEPH KŐRÖSI

MEMBRE DE L'ACADÉMIE HONGROISE DES SCIENCES

DIRECTEUR DU BUREAU DE STATISTIQUE DE LA VILLE DE BUDAPEST

MEMBRE DE LA COMMISSION PERMANENTE DU CONGRÈS INTERNATIONAL DE STATISTIQUE, DE LA COMMISSION
CENTRALE DE STATISTIQUE DE LA HONGRIE — MEMBRE TITULAIRE DES SOCIÉTÉS DE STATISTIQUE A PARIS,
A MANCHESTER — MEMBRE ÉTRANGER DU COMITÉ DE STATISTIQUE DU GOUVERNEMENT DE NISSNEY-NOWGOROD —
MEMBRE CORRESPONDANT DES SOCIÉTÉS D'HYGIÈNE A PARIS, A BRUXELLES, A MILAN ET DE LA SOCIÉTÉ DE
MÉDECINE PUBLIQUE ET D'HYGIÈNE PROFESSIONNELLE DE PARIS, ETC.

⁕

PARIS

GUILLAUMIN ET Cⁱᵉ, LIBRAIRES

Éditeurs du *Journal des Économistes*, de la *Collection des principaux Économistes*, du *Dictionnaire
de l'Économie politique*,
du *Dictionnaire universel du Commerce et de la Navigation*, etc.
RUE RICHELIEU, 14.

1881

PROJET

D'UN

RECENSEMENT DU MONDE

ÉTUDE DE STATISTIQUE INTERNATIONALE

OUVRAGES DU MÊME AUTEUR.

Statistique internationale des Grandes Villes.
    Première Section : Mouvement de la population. Budapest, Paris, Berlin 1876.
    Duxième Section : Finances. Budapest, Paris, Berlin 1877.
Bulletin annuel des Finances des Grandes Villes.
    Première Année : 1877.
    Seconde Année : 1878.
De l'influence de l'habitation sur la cause des décès et la durée de la vie. (Dans
    le premier volume des Annales internationales de démographie. Paris 1877.)
Idées sur le but des bureaux communaux de Statistique. (Mémoire publié pour
    le Congrès de Démographie ; voir Annales de Démographie 1879.)
**Recherches statistiques à introduire pour faire reconnaitre l'influence sanitaire
    des écoles.** (Mémoire publié sur l'ordre du Congrès de l'Enseignement de
    Bruxelles 1880.)
Bankkrizis és pénzkalamitások. (La crise financière de 1869.) Pest 1870.
Budapest gabonakereskedésének hanyatlása. (De la décadence du commerce des
    grains de Budapest). Budapest 1873.
Feuerversicherung und Statistik. Pest 1868.
A magyar kormány nagy vasuti szerződésének birálata. (Examen du grand projet
    du gouvernement hongrois concernant les chemins de fer à établir.) Pest 1872.
A magyar vámkérdéshez. (L'union douanière entre la Hongrie et l'Autriche.
    Budapest 1878.)
Die Organisation der Mortalitäts-Statistik in Budapest. Publié dans l'année 1872
    du Journal »Vierteljahrschrift für öffentliche Gesundheitspflege«.
Plan einer Mortalitäts-Statistik für Grosstädte. Wien 1873.
Az emberi élettartam és halandóság kiszámitásáról. (Du calcul de la mortalité
    et de la durée de la vie. Dans les mémoires de l'Académie des Sciences de
    Budapest.) Budapest 1874.
**Welche Unterlagen hat die Statistik zu beschaffen, um richtige Mortalitätstafeln
    zu gewinnen.** Memoire publié sur l'ordre du Congrès international de Statis-
    tique. Berlin 1874.
Mittheilung über individuale Mortalitätsbeobachtungen. Berlin 1876.
Ueber die Einrichtung communalstatistischer Bureaux. Publié dans l'année 1874
    du Journal du bureau de statistique de la Prusse.
Bemerkungen über die Berechnung des durchschnittlichen Lebensalters. Publié
    dans l'année 1876 du Journal du bureau de Statistique de la Prusse.

Publications du bureau communal de Statistique de Budapest.[*)]

Die königl. Freistadt Pest. Ergebnisse der Volkszählung und Volksbeschrei-
    bung vom Jahre 1870. (Berlin 1871.)
**Die Bauthätigkeit der Stadt Pest im Jahre 1870 und 1871; idem pour
    1872; idem pour 1873 et 1874.
**Untersuchungen über die Einkommensteuer vom Jahre 1870; idem pour
    1871 et 1872; idem pour 1873 et 1874.
Statistisches Jahrbuch der Stadt Pest. (Berlin 1873).
Bewegung der Bevölkerung der Stadt Pest. (1873).
Die Finanzen der Stadt Pest. (1873).
Beiträge zur Geschichte der Preise. (1873).
Die öffentlichen Volksschulen der Stadt Pest. (Berlin 1873).
**Die Sterblichkeit der Stadt Pest und deren Ursachen in den Jahren
    1872 und 1873.
**Die Choleraepidemie in den Jahren 1872 und 1873 in Pest.
**Die Sterblichkeit der Stadt Budapest und deren Ursachen in den Jahren
    1874 und 1875.

---

*) Citées d'après les titres des traductions qui en ont paru en allemand. (Berlin,
Librairie Stuhr.)

PROJET

RECENSEMENT DU MONDE

ÉTUDE DE STATISTIQUE INTERNATIONALE

PAR

JOSEPH KŐRÖSI

MEMBRE DE L'ACADÉMIE HONGROISE DES SCIENCES

DIRECTEUR DU BUREAU DE STATISTIQUE DE LA VILLE DE BUDAPEST

MEMBRE DE LA COMMISSION PERMANENTE DU CONGRÈS INTERNATIONAL DE STATISTIQUE, DE LA COMMISSION CENTRALE DE STATISTIQUE DE LA HONGRIE — MEMBRE TITULAIRE DES SOCIÉTÉS DE STATISTIQUE A PARIS, A MANCHESTER — MEMBRE ÉTRANGER DU COMITÉ DE STATISTIQUE DU GOUVERNEMENT DE NISSNEY-NOWGOROD- MEMBRE CORRESPONDANT DES SOCIÉTÉS D'HYGIÈNE A PARIS, A BRUXELLES, A MILAN ET DE LA SOCIÉTÉ DE MÉDECINE PUBLIQUE ET D'HYGIÈNE PROFESSIONNELLE DE PARIS, ETC.

— ✳ —

PARIS

GUILLAUMIN ET Cᴵᴱ, LIBRAIRES

Éditeurs du *Journal des Économistes*, de la *Collection des principaux Économistes*, du *Dictionnaire de l'Économie politique*,
du *Dictionnaire universel du Commerce et de la Navigation*, etc.
RUE RICHELIEU, 14.

1881

SOMMAIRE:

CHAPITRE I.

Les Congrès de Statistique et l'incomparabilité des statistiques nationales. — Moyen d'y remédier.

Toutes nos connaissances ethnographiques, comme en général toutes les connaissances des sciences inductives, n'ont qu'une valeur approximative. Non-seulement dans le domaine encore incertain de la démographie, mais même sur le terrain de la physique expérimentale, où nous parlons sans hésitation de lois naturelles bien établies, l'esprit humain n'est arrivé qu'à des hypothèses, des possibilités. Les faits les plus certains, comme p. e. le fait même du lever quotidien du soleil, ne sont que des probabilités. L'homme n'étant à même ni de prévoir, ni d'épuiser tous les cas possibles ne peut progresser dans la voie de l'induction qu'en se basant sur ce qu'il a éprouvé, observé. Plus les observations sont nombreuses, plus la fraction de probabilité par laquelle nous devrions exclusivement, à proprement parler, nous exprimer, deviendra grande, s'apparochera de l'unité — symbole inaccessible de la vérité absolue. On voit donc que toute observation détachée nous permet de faire un pas de plus vers les hauteurs où trône la vérité; que chaque expérience de physique, chaque observation démographique a son importance pour le développement et la consolidation de nos connaissances.

C'est en nous plaçant à ce point de vue que nous sommes le mieux à même d'apprécier, selon leur mérite, l'importance des grands dénombrements, où, d'un seul coup, on fait l'observation de milliers, de millions de faits ethnographiques, démographiques et même économiques.

C'est donc avec beaucoup de raison qu'on a dit que les recensements représentent le mécanisme le plus magnifique que les gouvernements puissent agencer pour arriver à la connaissance de l'état statistique des peuples.

8

Mais voici encore un point de vue bien supérieur à celui-ci, *le plus élevé auquel la science démographique puisse en général parvenir*: à savoir, le point de vue général de la statistique internationale, point de vue qui nous permet de considérer les recensements des pays, non plus comme but, mais comme moyen. A cette hauteur les efforts extrêmes que font les gouvernements pour effectuer les recensements de leur pays apparaissent comme une coopération plus ou moins consciente vers un but supérieur, le but suprême de la démographie: arriver par les recensements *nationaux* des peuples à un recensement *international* du monde, à une connaissance générale qui englobe dans son ensemble toute l'humanité, —ou du moins toute l'humanité civilisée!

En suivant dans leur marche les progrès que l'humanité a faits, quelle satisfaction n'éprouve-t-on pas en constatant, comment cette faible créature terrestre a pu parvenir à maîtriser les forces dont elle était auparavant l'esclave; comment elle a pu s'acquérir des connaissances qu'elle n'aurait osé attribuer auparavant qu'à des existences supérieures. Or à côté des recherches astronomiques et des magnifiques découvertes de la physique ce sont sans doute les observations internationales, qui par leurs résultats remplissent l'homme du plus noble orgueil. Ce n'est pas par exemple sans éprouver une profonde émotion qu'on admirera les bulletins météorologiques du ministère de la guerre de Washington où, sur une toute petite carte l'on trouve *journellement* pour ainsi dire la photographie de *l'état quotidien* du monde entier! En ayant ainsi en mains un rapport journalier et fidèle de l'origine et de l'extension des orages, de la marche des nuages, de la distribution de la lumière et de l'ombre, de la chaleur et du froid sur tout notre globe; en se voyant ainsi rapproché de l'état omniscient des dieux immortels qui embrassent d'un seul coup d'oeil l'état des mondes entiers: quelle satisfaction ne doit-on pas éprouver de voir le travail de l'humanité arrivé à un si haut point de perfection et l'homme lui-même planer à de si vertigineuses hauteurs.

La statistique internationale a l'ambition de tendre vers le même et sublime but que la météorologie. Or, le haut degré de perfection où la météorologie internationale est parvenue ces dernières années n'a pas encore été atteint par la statistique internationale. On trouvera cela bien naturel, si l'on réfléchit que la bonne volonté d'un seul savant suffit pour que nous soyons renseignés sur l'état météorologique d'un continent éloigné, tandis que ce n'est qu'à l'aide des gouvernements que peuvent se faire les observations relatives à l'état des peuples. Et comme bien des siècles s'écouleront sans doute avant que la civilisation, — cette base indispensable de la statistique, — ait fait le tour du monde, nous aurons, certes, à attendre encore longtemps, jusqu'à ce que la statistique internationale puisse embrasser le monde entier.

En parlant donc d'une statistique internationale du monde, il est bien naturel que c'est celle du monde civilisé qu'il faut entendre. En effet c'est à la réalisation de cette statistique que tendent les efforts des Congrès depuis le moment où ils ont été constitués jusqu'à nos jours. Tel a été le premier mot que leur créateur Quételet a prononcé à leur ouverture et tel sera aussi le dernier qu'ils prononceront.

Et cependant, si nous nous examinons à quel point les données statistiques des différents pays ont été rendues comparables par l'initiative des congrès, tendant pendant vingt-sept ans à atteindre ce seul but, on devra nécessairement reconnaître que cette comparabilité n'a fourni jusqu'à present que de très faibles résultats.

Tous ceux qui s'occupent de recherches internationales de statistique pourront affirmer avec nous, combien de peine coûte la comparaison de quelques données seulement. Même sur le terrain des recensements, cultivé avec tant de zèle par les Congrès, il n'y a que bien peu de données qu'on puisse sans façon comparer l'une à l'autre.

Quelle peut être la raison de cette anomalie?

La réponse la plus plausible et la plus usitée en face de cette question est que les conclusions des Congrès ne sont pas obligatoires, et que les gouvernements sont libres de suivre leurs conseils ou de les ignorer.

Or nous savons que les chefs des bureaux de statistique des différents pays sont tous de zélés partisans des Congrès, et qu'ils regardent presque sans exception comme une espèce de point d'honneur d'effectuer autant que possible leurs résolutions. Un simple coup d'oeil jeté sur l'état de la statistique, et surtout sur les recensements antérieurs et postérieurs aux Congrès justifiera la justesse de cette assertion. Dans les séances de

Bruxelles, par exemple, on avait adopté 15 points qui seraient à vérifier par les recensements. Il vaut la peine de rechercher dans quelle mesure les gouvernements ont adopté ces propositions dans le court espace de quelques années. En voici le résultat, tel qu'il est tiré des rapports présentés au Congrès de Londres tenu sept ans après celui de Bruxelles.

La France (1856)	avait adopté	4	points
La Prusse (3 Déc. 1858)	»	» 4	»
Le Württemberg (3 Déc. 1858) . . .	»	» 5	»
La Bavière (3 Déc. 1858)	»	» 7	»
L'Angleterre et l'Irlande (31. Mars 1861)	»	» 8	»
L'Autriche (Déc. 1857)	»	» 9	»
La Saxe (3 Déc. 1858)	»	» 12	»
La Hollande (31 Déc. 1869)	»	» 11	»
La Suède (31 Déc. 1856)	»	» 12	»
La Belgique (31 Déc. 1856)	»	» 13	»
Le Danemark (1 Jun. 1860)	»	» 14	»

en moyenne 9 points.

On avait donc déjà adopté dans ce temps là en moyenne neuf des quinze propositions, c'est-à-dire presque les deux tiers. Au moment où nous sommes, l'adhésion aux résolutions des Congrès est encore bien plus grande, comme on le reconnaîtra par le tableau synoptique contenu dans le troisième chapitre de ce travail.*) Si, malgré les progrès réalisés à cet égard, les plaintes élevées contre l'incomparabilité des recensements se maintiennent encore, et cela à très bon droit, il faut nécessairement que la cause en soit quelque autre part.

Et cette autre cause existe en vérité. Vu qu'il serait impossible d'arriver à des observations comparables si chaque pays observait d'autres faits ou les mêmes faits d'après une méthode différente, les Congrès se sont occupés de l'unification des observations. Cela était parfaitement juste, — mais ce n'était pas *assez*! attendu qu'on ne tenait pas suffisamment compte du fait que ce ne sont pas les levées, les observations elles-mêmes qu'on veut comparer, mais les résultats à élaborer et qu'il y a un grand travail, celui *du dépouillement* qui se glisse encore entre les levées et les comparaisons internationales

Il y a toujours eu des voix aux Congrès qui ont jugé les choses de cette manière; aussi avons-nous entendu à diverses

*) On doit naturellement omettre les pays où le recensement s'est fait *avant* le Congrès de 1873.

reprises des rapporteurs qui ne se sont pas contentés de dresser les questionnaires, mais qui y ont aussi ajouté les tableaux de dépouillement. Mais les Congrès eux-mêmes n'ont pas suivi cette direction avec la conscience du but à atteindre. Au contraire, on trouve qu'une série de propositions qui tendaient à diriger leurs travaux dans cette voie sont malheureusement restées en suspens.

C'est ainsi que nous trouvons à l'egard des recensements déjà dans le compte rendu de Bruxelles un § VI. qui déclare »qu'il y a lieu de résumer les données du recensement de chaque pays d'après des formules uniformes qui rendent ces données comparables entre elles«; mais nous rechercherions en vain dans les comptes rendus des Congres suivants une rédaction definitive et réalisable de ce voeu. — Sept ans après, au Congrès de Londres, nous rencontrons encore une fois cette question: c'est en se référant directement à la résolution citée de Bruxelles que M. *Hammack* proposa alors des formulaires nécessaires à son exécution et qui, — quoique trop restreints, — auraient fourni néanmoins une base très précieuse pour les délibérations et les résolutions de ce Congrès.*) Mais on préfera ne pas prendre de résolutions à cet égard. — A la même session du Congrès M. Farr proposa de même de prendre des résolutions sur une nomenclature uniforme des métiers et d'élaborer d'une manière uniforme la statistique des professions: mais le temps de délibérer sur cette question étant malheureusement venu à manquer, cette proposition se voit encore de nos jours privée de la sanction du Congrès. — A celui de St Pétersbourg, nous voyons MM. Sémenow et Anoutschin reprendre la question de l'unification des dépouillements en proposant des résolutions tout à fait formulées quant au dépouillement uniforme des données relatives au sexe, à l'âge à l'état civil et aux professions. — A la même occasion M. Maikow présenta de même un mémoire sur l'unification de la nomenclature des professions; mais c'est encore en vain que nous en recherchons les vestiges dans les résolutions de ce Congrès. — A celui de Budapest enfin M. Engel présenta un mémoire sur l'élabortion des données démographiques en Prusse, — mais cette fois la question n'était malheureusement pas à l'ordre du jour.**)

---

*) v. pag. 14. **) Nous ferons observer à cet égard qu'en Allemagne on a en général toujours traité les deux questions simultanément: les états du Zollverein et à présent les états de l'empire s'entendent toujours non-seulement quant aux questionnaires, mais encore quant au dépouillement de leurs recensements communs.

Nous pouvons donc constater comme un fait avéré que les Congrès de statistique se sont à la vérité bien et assez minutieusement occupés de la douzaine de *questions* qu'il y avait à poser aux peuples à recenser, mais aucunement des millions de *réponses* qu'on en recevrait.

Or, comme ce sont ces réponses qu'on veut comparer et non point les questions, il faut reconnaître qu'en procédant de cette manière on ne pouvait jamais parvenir à se procurer des résultats comparables!

Ce que les Congrès ont fait jusqu'ici était absolument nécessaire; ils ont travaillé aux fondements de l'édifice de la statistique internationale: mais à présent il reste nécessairement à l'achever. Il faut que les Congrès poursuivent, non point par hasard, mais avec une claire conscience du but qu'il veulent atteindre, la méthode, de toujours ajouter à côté des questionnaires les tableaux de dépouillement, et qu'ils soumettent à une délibération systématique toutes les résolutions antérieures, qui ne se sont occupées que de la manière de poser les questions. Tout ce qui s'est donc fait jusqu'à présent à cet égard peut être regardé comme une préparation nécessaire, mais néanmoins seulement comme une préparation de la véritable oeuvre des Congrès. *)

Vu que dans les semaines qui vont suivre une grande partie du monde civilisé procédera à un nouveau recensement, j'ai cru qu'il vaudrait la peine d'essayer la rédaction d'un schème uniforme d'après lequel les données ethnographiques des recensements pourraient être dépouillées uniformément dans tous les pays. C'est le but pour lequel j'ai entrepris l'étude statistique qui va suivre.

Cet ouvrage se place sur le terrain des décisions des Congrès, la plus grande autorité pour toute étude statistique. Nous

*) J'avais déjà exprimé ces vues en 1879 dans un discours sur la Statistique internationale et les Congrès tenu à l'Académie hongroise des sciences; je les ai de nouveau exposées à l'occasion de la conférence des directeurs des bureaux communaux de statistique, tenue à Berlin le 4—6 Octobre 1879, où je proposa is alors de convenir non-seulement de la forme questionnaires, mais encorede la forme des tableaux dans lesquels on publierait les résultats des recensement de 1880 des grandes villes (Voir pages 6 et 11 du compte-rendu de la conférence mentionnée).

donnerons donc avant tout une revue critique (Chapitre II.) de toutes les résolutions des Congrès relatives aux recensements, pour arriver ainsi à la base de notre proposition : *le cadre international d'un recensement du monde civilisé.* Mais avant de passer à l'élaboration de pareils tableaux, j'ai cru qu'il serait bon de passer en revue tout ce qui s'est fait à cet égard dans les différents pays. C'est la raison pour laquelle on trouvera dans le III Chapitre un tableau synoptique des faits relevés dans chacune des états de l'Europe et aux États-unis, tandis que le Chapitre IV présentera au lecteur un extrait de la vaste bibliothèque polyglotte, qui renferme les résultats des recensements de tous les pays mentionnés. On verra par le III Chapitre à quel point on est tombé d'accord en vue de satisfaire aux résolutions des Congrès quant aux *levées :* mais le IV Chapitre démontrera, combien nous sommes loin encore, malgré tant d'efforts, de pouvoir comparer les *dépouillements.*

ANNEXE.

Voici les données dont M. Hammack a proposé au Congrés de Londres de recommander la publication uniforme pour tous les pays :

a) Population totale : population présente par sexe.

    «   absente (armée, marine, marine de commerce*) autres).

    «   totale (ci-inclus l'armée, le marine, etc.) par sexe.

b) Maisons : α) habitées **), β) nonhabitées (pour cause de nouvelle construction, pour cause de démolition ou d'inconvenance, pour autres causes), γ) en construction.

c) Institutions publiques : leur nombre et le nombre des individus qui s'y trouvent (inmates).

d) Boutiques, usines, etc. : leur nombre.

e) Personnes hors des maisons : sous des tentes ou sous le ciel, dans des barques, dans les bateaux des ports.

f) Nombre des familles par maisons : 1, 2, 3, 4, 5, 6, 7, 8, 9, 10 et au-dessus. Familles absentes.

g) Nombre des membres des familles : 1, 2, 3, 4, 5, 6-10, 11-15, 16-20, et au-dessus de 20 personnes.

h) Age : 0, 1, 2, 3, 4, 5-10-15 et ainsi de suite par périodes quinquennales jusqu'à 100, et au-dessus de 100 ans.

(On fait remarquer que le dépouillement par périodes annuelles ne peut se recommander vu la surcharge des âges exprimés en chiffres ronds).

i) Professions. Les individus sans profession indépendante devraient être mis de côté.

(Allusion au rapport spécial de M. Farr relatif à cette question.) Recommandation de relever l'âge par périodes quinquennales.

k) État civil ou conjugal. Nombre des non-mariés, des mariés, des veufs, par sexe et en combinaison avec les périodes quinquennales de l'âge.

l) Age des époux. On propose ici le tableau, qu'on trouve expliqué dans le IV chapitre (»Angleterre«).

m) Lieu natal. Indiquer pour chaque pays de demeure le lieu natal des individus.

n) On recommande de combiner le lieu natal avec l'âge, en indiquant au moins ceux qui sont au-dessous et au-dessus de 20 ans.

o) Aveugles et sourds muets. Sexe, âge, profession (en combinaison avec l'âge par périodes quinquennales), nombre des individus dans les institutions, les écoles et asiles.

p) Habitants des workhouses, hôpitaux, maisons d'aliénés et *prisons* (renseignement comme sous o,).

---

*) Il manque ici la remarque, qu'il faut distinguer les sexes ; mais sans cela impossible d'établir le total général par sexe.

**) Hammack exprime le désir d'établir trois ou quatre catégories selon le nombre des étages, des chambres, des fenêtres, le but, les matériaux de construction. Or, vu que ce voeu n'est pas définitivement formulé sous forme d'entêtes généralement acceptables, on ne saurait comment exécuter cette proposition.

CHAPITRE II.

Revue critique des décisions des Congrès relatives aux recensements.

Le Congrès international de statistique a dû naturellement dès ses débuts prendre en considération la question des recensements. Aussi les résolutions prises à la première session, celle de Bruxelles (1853), renfermaient-elles déjà, il y a un quart de siècle, tous les principes fondamentaux qui devaient présider aux *levées* de l'état de la population, principes qui forment encore aujourd'hui le noyau du programme international des recensements. Depuis ce temps, le Congrès s'est occupé à maintes reprises, et d'une manière très détaillée, des modalités des levées, à savoir dans les sessions de Paris (1855), de Londres (1860), de Berlin (1863), de Florence (1866) et de St.-Pétersbourg (1873).

Nous résumerons dans ce qui suivra les résolutions des Congrès en les réunissant par matériaux, et en mentionnant souvent aussi les débats qui les ont précédés, pour pouvoir reconnaître, en cas de doute, les véritables intentions de cette législation statistique. Grâce aux soins minutieux des Congrès, cette branche de la statistique est aujourd'hui une des mieux cultivées, une véritable art qui nous enseigne l'effectuation des observations en masse. Si Buckle dit, que nous devons à la statistique plus de connaissances qu'à des siècles entiers, une grande partie de ce beau compliment s'adresse directement à l'art du recensement, à l'égard duquel il faut reconnaître que l'insertion d'une nouvelle question ou la correction d'une rédaction non assez précise, a en effet contribué à une plus grande augmentation de nos connaissances ethnographiques et démographiques, que n'en pourraient montrer des siècles entiers de l'époque anti-statistique.

Plus est vive la reconnaissance que l'on doit témoigner à l'activité que les Congrès ont déployée à l'égard des recensements, moins il faut se faire scrupule de constater sans restriction quelques erreurs que présentent quelquefois les résolutions. Tous les Congrès ont disposé d'excellents travaux préparatoires, mais les résolutions elles-mêmes ne sont souvent que l'expression de compromis entre des vues opposées. En conséquence des communications faites dans le cours des débats sur la diversité qu'offre la même institution dans les différents pays, et en conséquence des égards qu'il fallait nécessairement avoir pour cette diversité, nous voyons souvent qu'il fallait au dernier moment modifier et généraliser les propositions originaires. Or, au fur et à mesure que s'agrandissait létendue des définitions, autant devait se réduire leur contenu. En outre, il arriva assez souvent que la précipitation avec laquelle il fallait intercaler des points de vue étrangers dans un substratum rigoureusement conçu, faisait éclater çà et là la contexture originale d'une logique bien serrée. C'est à cela qu'il faut attribuer les contradictions et les répétitions qui se sont glissées dans les résolutions et qui ne se seraient pas soustraites à un examen plus calme. C'est ainsi que même en statistique nous voyons quelquefois constatée la justesse du mot de Goethe »que faute d'idée c'est souvent un mot qui vient se présenter à propos«. Rappelons encore que quelquefois aussi c'est la traduction française des rèsolutions prises dans une autre langue qui donna lieu à des malentendus. Tout cela ne pouvait ne pas être mentionné à l'occasion d'une revue critique des résolutions des Congrès; mais nous espérons qu'on ne noous en voudra pas d'avoir accompli ce devoir de critique.

Nous allons maintenant passer à la revue des faits démographiques dont les Congrés demandent la constatation et aux autres résolutions relatives au dénombrement de la population.

1) *Époque du recensement.*

On à décidé à Bruxelles que les recensements se feraient tous les dix ans au mois de Décembre, mais sans vouloir porter le moindre jugement à l'égard des pays où les recensements se font tous les cinq ou tous les trois ans. A Londres, on a ajouté que le recensement serait accompli, si possible, en un jour, mais que; en tout cas, les données auraient à se rapporter au même jour. À St.-Pétersbourg, on a interprété la période décennale

de telle façon, que les recensements seraient opérés dans l'année
dont le millésime se termine par un zéro, en abandonnant
l'exécution des dénombrements intermédiaires à l'appréciation
des gouvernements. Relevons encore qu'on n'a pas trouvé nécessaire de changer le terme de décembre, malgré la remarque,
que, dans d'autres continents, c'est une autre partie de l'année
qui correspond à notre mois de Décembre.

2) *Espèce de population.*

Il a été décidé à Bruxelles que les recensements seraient
basés sur le principe de la population *de fait*, mais que néanmoins des renseignements spéciaux pourraient être demandés,
pour pouvoir établir la population de droit. [1]) A Berlin il a été
reconnu qu'il était indispensable de déterminer non-seulement
la population de fait, mais encore celle *de droit* de chaque
commune et de chaque province. A Florence, il a de nouveau
été arrêté que c'était la population de fait qui devait
être la base de tout dénombrement, mais en faisant en même
temps introduire des renseignements relatifs au caractère et à la
durée du séjour, pour pouvoir à leur aide constater toutes les
totalités de population dont on aurait besoin (voir: »Lieu et
caractère du séjour«). Or, la décision de Florence de n'enregistrer
comme absents que les chefs et leurs *parents*, nous semble
rendre impossible la constatation de la totalité qui est com-
prise sous le nom de »population de demeure«, et qui renferme
tous les membres du ménage momentanément absents*). Il
paraît que MM. Sémenow et Anoutschin se sont aussi aperçus
de cette contradiction, et que c'est avec intention qu'ils ont
omis cette clause dans le rapport qu'ils ont soumis au Congrès
de St.-Petersbourg. Cette restriction manque aussi dans les résolutions, où, au contraire, — quoiqu'on reconnaisse toujours la population de fait comme objet de levée, — nous rencontrons pour la
première fois une définition nette de la population de demeure.

---

*) Les représentants de l'Angleterre ont toujours été du nombre de ceux
qui ont défendu avec le plus de zèle le dénombrement de la population de
fait. Or, même en Angleterre, on comptait tous les ouvriers, — parents ou non —
absents pour la seule nuit du recensement, comme s'ils avaient été présents.

[1]) Congrès de Londres: y compris la marine de guerre et l'équipage
des bateaux.

Les définitions adoptées à cet égard après des débats extrémement vifs et après avoir chargé des comités spéciaux de leur rédaction sont les suivantes :

1. Pour éviter les malentendus et prévenir les doubles emplois, il faut distinguer : *a*) la population de fait ou présente. *b*) La population de séjour habituel ou domiciliée dans l'acception ordinaire du domicile. *c*) La population de droit ou légale. *Par population de fait* ou présente (Ortsanwesende Bevölkerung), on entend le total des personnes présentes au lieu du recensement, à l'instant de ce recensement. Par *population* de *séjour habituel* (domiciliée, dans l'acception ordinaire du domicile,*) effective, de résidence habituelle, Wohnbevölkerung), on entend, indépendamment de leur présence ou absence, toutes les personnes demeurant habituellement au lieu du recensement, c'est-à-dire la population de fait, en y ajoutant les personnes momentanément absentes, mais déduction faite des personnes qui n'étaient que momentanément présentes au moment du recensement. Par *population de droit* ou légale (Wohnsitz- oder heimathberechtigte Bevölkerung), on entend la population qui a son domicile légal au lieu du recensement, et qui y est immatriculée ou enregistrée, pour autant que l'enregistrement légal existe.

Caractère et lieu de séjour.

D'après les décisions de Bruxelles, on est tenu de relever le séjour fixe ou habituel, temporaire ou momentané et de passage. À Londres, on a supprimé cette distinction. À Florence, cette question a excité des débats très animés. L'intention du rapporteur, M. Anziani, était de déterminer à côté de la popu-

---

*) L'application du mot »domicile« rend toute définition obscure, vu que ce mot signifie deux choses : résidence, et domicile légal (Heimath, Zuständigkeitsort). Les rédacteurs de la résolution citée sentaient bien aussi cette ambiguïté, car il s'empressèrent d'y ajouter qu'il fallait prendre ce mot dans son sens »ordinaire«. Mais quel en est le sens »ordinaire ?« Les rédacteurs semblent avoir compris par là la résidence ; mais on trouve dans des résolutions antérieures des Congrès, qu'on regardait comme sens ordinaire le *domicile légal*. Dans les délibérations de la section, M. Sauveur proposa de dire »résidence ordinaire« ; sa proposition fut adoptée, mais dans les résolutions nous rencontrons néanmoins l'expression fautive. Dans la pratique, on a aussi décliné la nomination proposée par le Congrès, et on préfère parler de la population »de demeure.«

lation de fait aussi la population de demeure (selon lui P. administrative, ou P. économique). Dans ce but, il proposa de maintenir la distinction relative au séjour ou à l'absence temporaire ou fixée, pour pouvoir joindre à la population présente ceux qui ne sont absents que temporairement, mais en déduisant par contre ceux qui ne sont présents que momentanément. Cette proposition ne fut pas acceptée, surtout à cause des difficultés d'arriver à une définition générale de l'absence ou de la présence temporaire. A la place, on accepta la proposition de M. Engel de ne plus demander si le séjour est fixe, ou passager, mais de rechercher le lieu et la durée de l'absence, comme aussi le lieu de naissance pour les non indigènes. *) Cette proposition avait pour but de rendre possible la constatation de chaque espèce de population, tout en laissant aux gouvernements la liberté de préciser les définitions. A St. Pétersbourg, nous voyons à regret révoquer cette résolution pour remplacer la question claire et précise relative à la *durée* du séjour, par la question générale, et moins claire, relative au c a r a c t è r e du séjour.

Rapport au chef de la famille.

On a recommandé à Londres comme question essentielle (»obligatoire«) de demander »le degré de parenté, par rapport au chef de la famille«. Mais en étudiant les procès verbaux des sections, on trouve que le rapporteur anglais, M. Hammack, avait rédigé ce point très correctement en demandant le rapport au chef de la famille. [1]) On doit donc dire que la responsabilité de l'incorrecte rédaction française retombe sur le seconde rapporteur, M. Legoyt. A St. Pétersbourg, on supprima heureusement cette définition fautive — qui avait néanmoins été maintenue pendant treize ans! — et on la remplaça par le »rapport au chef de la famille ou du ménage«.

Sexe.

Le Congrès de Londres recommande une rubrique spéciale pour le sexe, vu que les prénoms seuls prêtent souvent à des malentendus.

---

*) Ce qui implique la recherche du lieu de naissance (v. plus bas.)
[1]) v. Proceedings of the London Congress, Page 348.

Age.

Le relevé de l'âge a déjà été décidé à Bruxelles, mais sans aller plus loin dans les détails relatifs à la manière de procéder. A Londres, on exprima le vœu de s'assurer par tous les moyens possibles de l'exactitude de la déclaration de l'âge. On recommanda même (en parenthèse) de prendre en considération s'il ne serait par possible de constater l'âge par l'exhibition des documents de naissance; mais MM. Sémenow et Makscheiew ayant déclaré dans leur mémoire sur les recensements que cela serait inexécutable en pratique, on ne rencontre plus dans les décisions de St. Pétersbourg cette recommandation entre parenthèses. — Nous trouvons dans le même mémoire la remarque très judicieuse que l'adoption générale du recensement des âges ne fournit pas la moindre garantie pour la levée uniforme de ce fait; car il y a des pays où l'âge se constate d'après *l'année* (ou le jour) *de naissance*, et d'autres où il est constaté d'aprés *les années d'âge*. Et même pour cette dernière catégorie il faut constater encore une différence, qui consiste en ce que les uns consignent l'âge d'après les années révolues et les autres d'après les années commencées. Il faut donc attribuer valeur à la résolution de St. Pétersbourg, que l'âge est à indiquer d'aprés les périodes (annés ou mois) révolues. Partout où le permet le degré d'instruction de la population, et en particulier dans les grandes villes, l'âge doit être indiqué par l'année et le mois de naissance.

Nous devons encore nous référer ici aux résolutions prises à Budapest à l'égard des tables de mortalité selon lesquelles il faut indiquer l'âge de manière à pouvoir dresser la population selon les années de naissance. (Lorsque le recensement tombe sur la fin de l'année, les années d'âge coïncident avec les années de naissance.)

Lieu de naissance.

Ce point, après avoir été adopté à Bruxelles, fut rangé à Londres parmi les questions essentielles et il a été reconnu comme tel à Florence et à St. Pétersbourg. — Quant aux grandes villes, on a adopté à Paris une spécification selon que l'individu est né dans la ville, ou dans le pays ou à l'étranger.

État civil.

Adopté à Bruxelles, ce point a été rangé à Londres parmi les questions obligatoires, mais en disant au lieu »d'état civil«, état civil *ou conjugal*. Les constructions avec un »ou«, causent en général bien facilement des malentendus, vu qu'on a le droit de supposer qu'on demande des réponses sur l'un *ou* sur l'autre des faits. Dans ce cas-ci, on n'avait pas du tout l'intention de recueillir au lieu des renseignements sur les célibataires, les mariés etc., telle ou telle donnée sur les époux, comme p. e. leur fécondité, ou, — comme cela se fait en Angleterre, — sur la différence d'âge, sur leur résidence commune ou séparée, etc. A Florence, on a admis la recherche du degré de parenté des époux. (Les représentants officieux de la France et de l'Angle-terre protestèrent contre cette décision). A Pétersbourg, on déclara que la question du rapport conjugal ne se rapporte qu'aux unions légitimes et aux divorces ou séparations légalement prononcées.

Profession ou condition.

Quoique nous ayons renoncé à proposer des tableaux de dépouillement relativement à cette question du programme international, nous croyons néanmoins devoir donner ici un aperçu synoptique des résolutions des Congrès qui y sont relatives.

La décision du Congrès de Bruxelles de relever »la profession *ou* condition« ne nous semble pas indiquer assez clairement si l'on doit entendre par là la condition sociale ou la condition de métier (maître ou ouvrier). Le Congrès de St. Pétersbourg a adopté cette dernière interprétation, mais dans ce cas il nous semble qu'il vaudrait mieux dire :profession et condition. D'après les mêmes résolutions on devrait aussi indiquer la profession principale.

Nous recontrons au Congrès de Londres une proposition du Dr. Farr qui tend directement à établir un dépouillement uniforme de ce point des levées. Selon lui, il faudrait distinguer pour chaque profession les sexes, et indiquer pour chaque sexe l'âge en périodes quinquennales. Il proposa en même temps de rédiger un schème international et polyglotte pour les différents métiers. Le mauvais sort qui s'attache à toute proposition qui tend à une unification des méthodes de dépouillement, ne manqua pas non plus de reparaître en cette occasion. Ladite proposition, que quant à nous, nous devons regarder comme une des plus fécondes, ne put être traitée dans la section faute de temps. Les paragraphes qui y sont relatifs ne figurent donc pas sur la liste des résolutions du Congrès, mais ne s'y trouvent insérés que comme propositions de la Commission organisatrice. Elle n'ont pas encore été réalisées depuis.

Confession.

Dans toutes les sessions des Congrès il y a eu des contradictions à l'égard de la levée de ce point; à Bruxelles et à Londres aussi bien qu'à St. Pétersbourg. Malgré cela, la levée fut partout adoptée, à Londres comme désirable, à St. Petersbourg comme essentielle. *)

Langue parlée. (Nationalité ethnographique).

La langue parlée, adoptée à Bruxelles, fut renvoyée à Londres dans la partie facultative.

Faute d'explication on ne saurait dire si l'on entend par cette question arriver à la connaissance de la langue parlée principalement ou à une spécification de toutes les langues qu'on possède. L'ambiguïté de cette résolution s'est déjà manifestée à Londres, où, dans les délibérations des sections on se prononça contre la levée superflue des langues parlées, tandis que le président, Earl Stanhope, faisait remarquer que cette question fournirait en même temps aussi les bases d'une statistique des nationalités. Ce n'est qu'au Congrès de St. Pétersbourg que MM. Séménow et Makscheiew établirent dans leur mémoire une distinction précise entre ces deux définitions en déclarant que la levée des langues qu'on possède n'offrirait pas un intérêt spécial, et en recommandant la levée de la *langue maternelle ou langue parlée*. Or, la résolution du Congrès réclame la levée obligatoire de la »langue parlée.« Il faut avouer que même avec cette rédaction on reste toujours dans l'incertitude: qu'est-ce que cette »langue parlée« doit signifier? Est-ce que c'est la langue maternelle? ou la langue la plus usitée dans le monde? dans la famille? ou est-ce qu'on

---

*) Les mêmes scrupules se sont aussi présentés au Congrès de démographie tenu à Paris en 1878. L'auteur recommanda à cette occasion de poser à la vérité la question, mais de ne pas exercer de pression sur ceux qui refuseraient de donner la réponse. On peut supposer que dans la plupart des états de l'Europe le nombre des refusants sera extrèmement faible.

a à entendre par là la langue de l'école ou de l'église? La langue maternelle a beaucoup d'adhérents. Mais Böckh se déclare en faveur de la levée de la langue la plus usitée (Umgangssprache), tandis que Ficker préfère la langue de famille, et Glatter la langue d'église.

Dans les résolutions de St. Pétersbourg nous rencontrons encore une fois la levée obligatoire de la nationalité. Nous allons démontrer plus bas que par cette expression c'était de la nationalité politique qu'il était question.

En vue de ce que nous aurons à dire à l'occasion de la »Nationalité politique« et de »l'Origine«, il est nécessaire de constater nettement que c'est en vérité le point ethnographique et pas autre chose qu'on voulait fixer par la question relative à la langue parlée*). On peut s'en convaincre en parcourant le rapport des motifs relatifs à la »langue parlée« qui commence comme suit: »A une époque où la question des *nationalités* tient en politique une si grande place, il est inutile de démontrer l'importance des données qui concernent la statistique *ethnographique*.« Il est donc bien clair qu'il s'agit ici d'une statistique ethnographique et non linguistique. Le rapport cite ensuite les divers criteriums de la *nationalité*, tels qu'ils ont été adoptés à Vienne, et finit par constater que c'est la langue qui est le meilleur d'entre eux, en déclarant que »la langue maternelle ou langue parlée est le seul *caractère ethnographique* que le recensement puisse rechercher. La recherche de la langue est donc de la plus haute importance pour la statistique internationale ethnographique, la seule qui puisse être étudiée, attendu que sa solution permet de trouver les limites des *nationalités*«.

Même les hommes les plus compétents n'ont pas eu le moindre scrupule de regarder le point *4)* des résolutions de la session de St. Pétersbourg comme ordonnant la levée des nationalités ethnographiques: M. Ficker dans son rapport au Congrès suivant (de Budapest) déclare que le Congrès de St.-Pétersbourg a rendu obligatoire le recensement des *nationalités*, et sans qu'il ait senti le besoin de se justifier à cet égard il entre directement dans le traitement de la question relative à l'exécution de la levée des nationalités.

Constatons donc que le Congrès de St. Pétersbourg n'a pas attribué à la levée de la »langue parlée« d'autre signification que celle d'ethnographique, et que cette question a été uniquement posée dans le but d'arriver par là à une statistique des *nationalités* dans le sens ethnographique du mot.)

---

*) Nous ne nous occuperons pas ici de la question: qu'elle est la marque la plus caractéristique de la nationalité? D'après les travaux de Czörnig, Boeckh, Ficker, etc. la réponse penche en faveur de la langue. Mais à présent nous ne recherchons pas autre chose que de savoir ce que le Congrès de St. Pétersbourg désirait voir relever par le dénombrement des langues.

Lieu et pays du domicile légal. (Nationalité politique.)

Nous trouvons dans les résolutions de Londres que la question du domicile est obligatoire.

Nous avons déjà fait remarquer (v. »Espèce de population«) que l'expression de »domicile« peut être regardée comme désignant la résidence ordinaire, ou le domicile légal (Heimath, Staatsangehörigkeit). Nous avons vu que le Congrès de St. Pétersbourg voulait qu'on entendît par là la résidence ordinaire. Mais le Congrès de Londres devait expressément entendre par ce mot l'autre sens, vu que la question relative à la résidence ordinaire est déjà contenue sous un autre point des résolutions du même Congrès! Pour nous orienter à cet égard nous avons recouru aux délibérations des sections, mais — chose surprenante — nulle part il n'a été accepté de poser une question à cet égard. Aussi chercherait-on en vain cette expression dans le rapport original de M. Hammack ou dans la rédaction anglaise des résolutions. La seconde mention du domicile ne se trouve que dans la rédaction française des résolutions, de sorte qu'on doit forcément supposer que ce mot s'est glissé au milieu des résolutions par une fausse interprétation des expressions contenues dans le rapport supplémentaire qui fut présenté à l'assemblé par M. Légoyt en français. Ce rapport mentionne en effet que la section s'est *occupée* de la différence qui existe entre la résidence et le domicile; il se peut que la forme de cette phrase faisait croire que la section avait *adopté* la levée de la résidence *et* du domicile. Quant à la supposition possible que M. Legoyt eût eu, peut être, l'intention d'interpréter de cette façon le voeu de la section, nous ne pouvons pas être en doute, attendu que lorsque sept ans plus tard la question de relever le domicile, fut posée à Florence, ce fut précisément M. Legoyt qui se prononça contre cette proposition.*)

En tant que la levée de l'état auquel appartiennent les individus recensés soit en effet désirable, on pourrait ne pas tenir compte de l'historique de cette résolution. Mais sa rédaction hâtive se fait sentir dans la circonstance que nous rencontrons dans les mêmes résolutions à deux reprises la même demande, vu qu'on avait accepté le point *g)* comme suit: »Birth place. Number of foreigners (not naturalized) and state-

---

*) Congrès international de Florence, II. vol. page 207.

ment of the countries to which they respectively belong.« Comme ce point rentre parmi ceux que le Congrès regardait comme obligatoires, nous nous trouvons dans l'étrange situation que l'indication du pays auquel on appartient est regardé tout à la fois comme obligatoire et comme facultative.

Abstraction faite de la remarque formelle que la question relative au lieu de naissance (des indigènes et des étrangers) n'aurait pas dû être mêlée à celle du pays auquel les étrangers appartiennent; nous avons à constater encore deux erreurs ou au moins deux incorrections qui se présentent dans le même point :

1. Un des orateurs a dans la section à la vérité relevé l'avantage que cette question présenterait, mais nous ne trouvons pas de résolution à cet égard.

2. Pour mettre le comble au malentendu la traduction française de ce point ne coïncide pas avec l'original anglais. Il semble que le traducteur, M. Legoyt, ait lui-même senti l'inconvénient qu'il y avait de rattacher la question de la nationalité politique comme corollaire à une question concernant une chose tout-à-fait étrangère, à savoir le lieu de naissance. Il n'est donc pas improbable que c'est dans l'intention de voiler cet inconvénient qu'il a mis dans la traduction française au lieu de : »countries to which foreigners belong« (pays auxquels appartiennent les étrangers) l'expression »pays d'origine«, qui tient le milieu entre les deux définitions, en ne se prononçant clairement ni dans l'un ni dans l'autre de ces sens.

Mais cette rédaction ambiguë — qui dut encore causer tant de désagréable confusion touchant les résolutions de St. Pétersbourg — n'a pas contribué à les rendre plus claires, attendu qu'on était parfaitement en droit d'expliquer ce point : »Lieu de Naissance; (constater *ici* les étrangers non naturalisés et leur pays d'origine)« dans le sens qu'on voulait faire relever le *lieu* de naissance pour les indigènes et le *pays* de naissance pour les étrangers.

Nombre des enfants fréquentant les écoles élémentaires.

Les décisions de Bruxelles demandaient le recensement de tous les enfants qui reçoivent l'instruction publique ou privée ; à Londres, on a restreint cette demande aux élèves des écoles primaires, en renvoyant en même temps cette question dans la partie facultative. Dans le programme arrêté à Paris pour les grandes villes ce point a été omis.

Si la conscription des enfants fréquentant les écoles n'a d'autre but que de servir d'indice pour le degré de civilisation de tel ou tel peuple, on peut la remplacer par la conscription bien plus caractéristique des illettrés. C'est pourquoi le Congrès de St. Pétersbourg a préféré rayer la question originaire, pour la remplacer par la question relative à la connaissance de l'écriture.

Connaissance de l'écriture et de la lecture.

Cette question a été adoptée à St.-Pétersbourg comme obligatoire. Dans l'inscription des réponses à cette question, on pourrait distinguer ceux qui ne savent ni lire ni écrire (les illettrés) et ceux qui ne savent que lire. Faute de définition, nous supposerons qu'on ne voulait recenser que les illettrés, ce qui est parfaitement suffisant.

Origine.

Nous avons trouvé cette expression obscure déjà dans les décisions de Londres, où elle s'était glissée per nefas. Nous la rencontrons encore une fois à St.-Pétersbourg, où nous voyons dans les résolutions de cette session sous le point *j*) la demande de relever: »l'origine, le lieu de naissance et la nationalité«.

Nous nous voyons forcé d'avouer qu'il nous est absolument impossible de trouver une explication plausible pour le sens qu'il faudrait donner à ce point dans la rédaction actuelle. On en sent surtout la difficulté en faisant l'analyse de tous les points dont le recensement est déclaré obligatoire par le Congrès de St.-Pétersbourg. Car alors nous trouvons que la conscription de la nationalité a déjà été ordonnée par le point *h*) (langue parlée, voir »Nationalité ethnographique«); on devrait donc supposer que c'est de la nationalité politique qu'il est question dans ce point. Mais dans ce cas cette question n'est applicable qu'aux étrangers. A quoi bon la poser pour chaque indigène?

Une autre difficulté se présente à l'expression »origine«. On peut entendre par là le domicile légal ou le lieu de naissance, ou la résidence ordinaire. Mais la levée de ce dernier fait est ordonnée par le point *k*) des résolutions, et celle du lieu de naissance par l'expression voisine du point *j*) lui-même. On doit donc *supposer*, que c'est le lieu (ou le pays) du domicile légal qu'on doit entendre par là. Dans ce cas, on ne saurait assez regretter d'avoir mêlé ce point à la question tout-à-fait différente du lieu de naissance, et de n'avoir pas préféré en géné·ral une rédaction claire, en disant simplement:

j) lieu de naissance;

k) lieu du domicile légal; pour les étrangers indiquer le pays.

Comme les résolutions du Congrès ne nous donnent pas d'éclaircissements sur ce qu'on doit entendre par »l'origine«, — le commentaire contenu dans le §. 15 ne se rattache qu'au lieu de naissance, — et comme, par conséquent, nous ne nous baserions ainsi que sur de vaines suppositions: je suis remonté aux phases antérieures des résolutions, afin de jeter quelque lumière sur le véritable sens de cette expression incertaine. Or, en poursuivant l'histoire du développement de cette idée, à commencer par le programme, en passant ensuite aux délibérations de la section, aux propositions du sous-comité de rédaction et enfin aux rapports lus à l'assemblée générale, j'ai fini par découvrir les faits suivants et de remarquables malentendus:

Dans les propositions originaires de MM. Sémenow et Anoutschin, contenues dans leur mémoire maintes fois cité et dont on ne saurait assez reconnaitre la profondeur et la sévère logique, on trouve ce qui suit.*)

j) le lieu de domicile *et pour les étrangers* (!!) la nationalité.

k) le lieu de naissance.

On voit clairement par là qu'on avait réservé originairement, — et cela avec bonne raison, — une question tout à fait séparée (*k*) pour le lieu de naissance. Il nous faut encore ajouter qu'une amalgamation de cette question avec celle du point *j*) n'avait été proposée ni par la section elle-même, ni par le comité spécialement chargé de la rédaction précise et définitive des résolutions; c'est donc une circonstance regrettaable que malgré cela

---

*) Pogramme de la huitième Section du Congrès P. 29.

on ait fait à l'assemblée générale, — où il est impossible d'entrer dans des détails de rédaction, — une proposition tendant à l'amalgamation si peu convenable des deux points (*j k*).

La proposition originaire nous renseigne sur l'intention des résolutions, sauf sur un seul point, celui de la »nationalité«. Est-ce qu'on voulait relever par cette question la nationalité ethnographique (la race), ou bien la nationalité politique, c'est-à-dire l'État auquel on appartient, (l'indigénat)? Le fait qu'on ne pose cette question qu'aux étrangers devrait faire pencher la balance en faveur de la seconde signification. Et en effet, en parcourant les délibérations de la section, les doutes qu'on pourrait avoir à cet égard viennent à se dissiper. C'est le proposant lui-même, M. Sémenow, qui vient déclarer que ce qu'il avait entendu par nationalité c'est *l'indigénat* *), et c'est encore lui qui, reconnaissant l'obscurité de la rédaction originaire de ce point, propose de le modifier comme suit:

j) Nom de l'État auquel la personne appartient **). Comme enfin le comité spécial de rédaction déclare donner son adhésion à cette proposition, comme en conséquence de cela son rapporteur M. Bodenheimer propose de mettre dans le commentaire ajouté du point *j)* dans le § 16 la phrase suivante:

»*Le bulletin indiquera le domicile légal de l'individu*« et que cette proposition a été adoptée, ne devrait-on pas penser qu'à présent tout malentendu est éliminé et rendu impossible?

Mais malheureusement nous ne rencontrons pas dans le rapport fait à l'assemblée générale les idées adoptées dans la section. Au contraire, à notre plus grand étonnement, nous y voyons ressusciter des morts l'expression de »nationalité« heureusement éliminée par les débats de la section, mais — chose encore moins compréhensible — cette fois sans le supplément qui l'avait d'abord accompagné et qui renseignait tant soit peu sur la signification possible de cette expression, à savoir que ce ne *sont que les étrangers auxquels cette question devrait être adressée.*

Pour mettre le comble au désarroi nous voyons s'ajouter encore à ce point *j)*, déjà si péniblement visité, une nouvelle ex-

---

.*) Travaux p. 109.

**) Qu'il faut probablement comprendre ainsi: Lieu de domicile légal et (pour les étrangers) nom de l'État auquel la personne appartient.

pression plus obscure que toutes les autres, l'idée de »l'origine«, expression qui n'avait été nulle part définie et pas même mentionnée, soit dans le programme, soit dans la section ou dans la sous-section! En plongeant ainsi dans une lueur si douteuse le passage relatif au lieu de naissance et à la nationalité, qui avait déjà servi de motif à tant de malentendus et à tant d'obscurité, y aurait-il à s'étonner que ce point des résolutions finît par devenir absolument incompréhensible?

Après tout ce que nous venons de dire, nous avons indubitablement le droit de donner au point j) dans l'analyse qui se trouve au troisième chapitre, la signification qu'il tend à recenser *le lieu de naissance* et le *domicile légal*, et de nous croire autorisé à regarder les expressions de »nationalité« et d'»origine« simplement comme non avenues.

Infirmités.

On avait adopté à Bruxelles la levée des maladies et des infirmités suivantes : cécité, sourd-mutisme, aliénation (domicile et établissement), crétinisme ; à Londres, on ne fit rentrer que les deux premiers points dans la partie obligatoire, tandis que les autres, — excepté le crétinisme qui fut rayé, — furent déclarés facultatifs; mais on ajoutait une rubrique pour les personnes atteintes de maladies graves. A St. Pétersbourg, on déclara comme essentiel le recensement de toutes les infirmités adoptées à Bruxelles, sauf le crétinisme ; les maladies graves furent retranchées.

Dans le programme des recensements rédigé à Paris pour les grandes villes, la levée des infirmités ne fut pas admise.

Enfants trouvés.

On a décidé à Florence de relever le nombre des enfants trouvés à l'occasion des recensements. (Les représentants de la France et de l'Angleterre protestèrent contre cette décision.)

Famille et ménage.

On a décidé à Bruxelles qu'il y aurait un bulletin spécial pour chaque ménage.

La définition du mot »famille ou ménage« offre une extrême difficulté. Le paragraphe VII des résolutions de Londres contient à cet égard la définition suivante: »Il sera convenu que l'occupant de la totalité ou d'une partie d'une maison sera considéré être le chef de la famille, et que le terme »d'occupant« sera applicable: 1) au résident propriétaire, 2) à la personne payant le loyer soit comme locataire de toute la maison, ou 3) d'un étage ou d'un appartement distinct.«

Le rapporteur déclara à la vérité sur ce point à l'assemblée générale que la définition du mot famille »n'a soulevé aucune difficulté sérieuse: il a été reconnu que par famille il fallait entendre un ménage«. Mais alors on est en droit de demander ce qu'est proprement un ménage?

Relevons outre cela que même dans le sens du recensement il existe une différence entre famille et ménage, c'est-à-dire entre les individus qui sont parents et ceux qui faisaient — et souvent seulement fortuitement — partie du ménage. En Allemagne, on l'a plus tard défini en disant que c'était la totalité des individus réunis dans une unité de demeure et d'économie. On finit plus tard par se convaincre qu'elle ne servait pas à renseigner la population et c'est pourquoi on la laissa tomber au dernier recensement. — Les Congrès eux mêmes n'ont pas depuis donné de définition du mot ménage.

Maisons.

On a adopté à Bruxelles le recensement des maisons par étages et des jardins qui y sont contigus. On élargit le cadre des levées à Londres en prenant la résolution suivante:

»Les informations à recueillir à l'égard des maisons devraient comprendre: *a)* habitée, inhabitée, ou en construction, *b)* à l'égard des maisons habitées — le nombre d'étages, de chambres, de fenêtres; s'il y a ou s'il n'y a pas une partie de la maison en boutique, en magasin, en atelier, ou si l'on y exerce quelque industrie: et par combien de familles elle est occupée. Hôtels, auberges, cabarets, et institutions de quelque sorte qu'elles soient, devraient être distinguées aussi; *c)* à l'égard des maisons inhabitées, si elles sont inhabitées à cause de leur récente construction, ou de leur état de dilapidation, et autres; *d)* bâtiments séparés non à l'usage d'habitation, — tels que: églises, chapelles, etc., manufactures, moulins, etc., — devraient être notés par les recenseurs dans les registres dont ils seraient pourvus à cet effet.

»Afin qu'une signification définie puisse être attachée au mot »maison«, il sera convenu qu'elle comprendra tout l'espace entre le mur extérieur et le mur de séparation (party-wall) de la bâtisse.«

Pour les grandes villes ou à résolu à Paris ce qui suit. »Énumération 1) des édifices publics, en indiquant leur distinction spéciale; 2. des maisons distinguées selon qu'elles sont habitées en contre-bas du sol de la rue, qu'elles ont un rez-de-chaussée, 1, 2, 3 étages. 2) Donner, en regard, hauteur des maisons avec la largeur des rues; 3) des écuries, étables, abattoirs; 4. des manufactures, usines ateliers, magasins, boutiques. — Donner le nombre des constructions assurées contre l'incendie. — Indiquer, pour les dix dernières années, le nombre annuel des nouvelles constructions. — Faire connaitre, pour chacune des années de la même période, le nombre des locations vacantes.

Conditions d'habitation.

On a résolu à Bruxelles de recenser les nombres des pièces servant à l'habitation de chaque famille.

Résolutions d'un caractère général.

Bruxelles: Il convient que les recensements soient nominatifs.

Il y a lieu de résumer les donneés du recensement dans chaque pays d'après des formules uniformes qui rendent ces données comparables entre elles.

Londres. Les agents spéciaux ou recenseurs chargés de la distribution et de la collection des bulletins veilleront à ce qu'ils soient remplis correctement, ou les rempliront eux-mêmes d'après les informations qui leur seront données par les »occupants« des maisons. Pour assurer autant que possible l'exactitude du dénombrement en ce qui concerne les renseignements dont la réunion a été jugée nécessaire, il importe qu'une pénalité soit édictée contre les personnes qui refuseraient de les fournir, ou qui sciemment les donneraient inexacts.

Les questions suivantes d'investigation relatives aux personnes devraient être considérées *indispensables* dans le recensement de tous les États. *a)* Nom et prénom. *b)* Sexe. (Il est

32

recommandé de le constater autrement que par le prénom, certains prénoms étant communs aux deux sexes.) *c)* Age (les gouvernements sont invités à assurer par tous les moyens à leur disposition l'exactitude de la déclaration des âges, et notamment à examiner s'il ne serait pas possible de prendre les mesures nécessaires pour que, à l'occasion des dénombrements, l'âge soit constaté par l'exhibition d'un extrait authentique de l'acte de naissance.) *d)* Degré de parenté par rapport au chef de la famille. *e)* État civil ou conjugal. *f)* Profession ou condition. *g)* Lieu de naissance. (Constater ici les étrangers non-naturalisés et leur pays d'origine.) *h)* Aveugle ou sourd-muet. Et une information sur les sujets suivants, quoique *non pas indispensable* dans tous les États, devrait être requise là où cela est expédient et praticable : *a)* Langue parlée. *b)* Culte. *c)* Résidence, soit habituelle ou temporaire. *d)* Domicile. *e)* Nombre des enfants fréquentant les écoles du premier degré (ou recevant leur instruction à la maison). *f)* Personnes atteintes de maladies graves, ou affligées d'infirmités permanentes.

Berlin. Le Congrès recommande que la coopération de la population, partout où le degré de l'instruction le permet, ne se borne pas à remplir par ménage les bulletins, mais s'étende à une participation active, à la distribution, à la collection et au dépouillement des bulletins, et embrasse autant que possible les travaux des agents du recensement et des membres des commissions.

St. Petersbourg. On y soumit le programme entier du recensement à un nouvel examen. Des résolutions prises nous avons à relever ici, — outre ce qui a été mentionné dans les paragraphes précédents, — ce qui suit;

1. Relativement aux faits à recueillir on n'a délibéré que sur ceux qui devraient être essentiels (expression qui correspond aux renseignements »obligatoires« de Londres). On a reconnu comme tels:

a) les noms et prénoms;

b) le sexe;

c) l'âge;

d) le rapport au chef de la famille et du ménage;

e) l'état civil ou conjugal;

f) la profession ou condition;

g) le culte;

h) la langue parlée ;

i) la connaissance de la lecture et de l'écriture ;

j) l'origine, le lieu de naissance et la nationalité ;

k) la résidence ordinaire et le caractère du séjour au lieu du recensement ;

l) la cécité, le surdi-mutisme, l'idiotisme et crétinisme et l'aliénation mentale.

Tous les autres renseignements qui peuvent présenter de l'intérêt selon le pays sont facultatifs.

2. En ce qui concerne les règles internationales servant à déterminer la population de séjour habituel et la population de droit il en est, quant à présent, fait abstraction, vu l'impossibilité actuelle d'établir des règles uniformes et vu aussi la diversité de législation de pays à pays et d'une époque à l'autre.

3. La population de fait, qui est l'objet du recensement, est constatée par des bulletins individuels, lorsque le degré d'instruction et les circonstances particulières du pays le permettent, au cas contraire, il faut employer le système des bulletins de ménage.

CHAPITRE III.

Questions démographiques relevées par les recensements dans tous les pays de l'Europe et aux États-Unis de l'Amérique du Nord.

(Avec un tableau synoptique.)

Avant d'entrer dans l'étude des systèmes de dépouillement, nous donnerons un tableau synoptique des éléments d'observations *démographiques* qui sont relevées par les recensements de la plus grande partie du monde civilisé.

Ces objets d'observation sont répartis en trois catégories, à savoir:

A) *Questions, dont la levée a été adoptée par le Congrès de St.-Pétersbourg*, et qui sont regardées comme essentielles.

B) *Questions dont la levée a été recommandée par les Congrès antérieurs*, mais qui n'ont pas été ratifiées à St.-Pétersbourg comme points essentiels.

C) *Autres levées* qui ne se trouvent que dans les recensements de certains pays. *)

Quant à la première catégorie des questions, nous ne pouvions pas suivre strictement la nomenclature de St.-Pétersbourg, vu qu'il y a des points qui renferment plusieurs questions à la

---

*) Entreprenant une étude démographique des levées des dénombrements, nous laisserons nécessairement de côté toutes les données fournies par les recensements qui ne rapportent pas strictement à l'homme physique et moral. Nous ne nous occuperons donc ni du recensement du bétail, ni de ceux des machines, des usines, de la fortune. Nous savons bien qu'il serait facile de démontrer que les qualités physiques et morales de l'homme dépendent aussi des circonstances mentionnées, mais nous espérons que, sans nous demander plus d'explication, on nous pardonnera volontiers de n'avoir pas mêlé des faits aussi hétérogènes à notre étude démographique. Outre cela, nous avons aussi omis toutes les questions relatives aux professions, attendu que la grande étendue de cette partie de la statistique, et les difficultés presque insurmontables qu'offre la diversité des nomenclatures, exigeraient un travail tout spécial.

fois, où donc la forme tabellaire de notre analyse nous forçait à les défaire et qu'il y avait, outre cela, des questions dont la rédaction n'est pas assez claire, ou qui contiennent des répétitions. Tout cela est éclairé et motivé dans le chapitre consacré à la revue critique des résolutions des Congrès, en conséquence de quoi nous nous bornons ici à nous référer à cela.

Dans la revue des différents pays, nous suivrons l'ordre établi à cet égard par la Commission permanente du Congrès. A la tête de cette liste des pays nous trouvons la Russie et la Finlande. Comme le recensement de la Russie, projeté avant la guerre d'Orient, a été ajourné à cause de cette guerre, notre liste commence par la Finlande.

Pour une partie des pays, nous avons eu sous les yeux les formulaires mêmes des levées. Pour les autres, ce n'est que par les ouvrages de dépouillement que nous avons constaté les questions posées. Mais comme le tableau synoptique, ainsi qu'en général tout le III. et le IV-me chapitre, a été envoyé sous forme d'épreuve aux bureaux de statistique des pays qu'il concernait, on peut parfaitement ajouter foi à cette partie des renseignements.*)

Finlande.

Dans les villes dont la population dépasse 10,000 habitants, le dénombrement se fait par bulletins individuels contenant: a) nom et prénom, b) sexe, c) année de naissance, d) rapport au chef du ménage, e) état civil, f) profession, g) culte, h) langue parlée, i) citoyen de quel état, j) connaissance de la lecture et de l'écriture, k) lieu de naissance et l) cécité, sourd-mutisme ou aliénation mentale. Plusieurs de ces renseignements ont manqué jusqu'ici dans les formulaires généraux pour la campagne dont se servent les pasteurs, mais depuis 1880 ils sont introduits dans le questionnaire actuel.

Danemark.

Outre les questions qui sont mentionnées dans le tableau, on a encore relevé pour la ville de Copenhague les points suivants:

    Montant du loyer
    Nombre des chambres pourvues de fenêtres

---

*) Les pays dont la vérification de la part des bureaux de statistique ne nous est pas parvenue sont désignés dans le tableau synoptique par un astérique. *

Pour les personnes mariées, veuves et divorcées :
   combien de fois mariées ?
   année de mariage
   nombre des enfants { vivants / morts et mort-nés } seulement relativement au dernier mariage
   Si la personne n'est pas née à Copenhague, depuis quelle année y est-elle établie ?

Empire allemand.

Ce n'est que depuis la création de l'empire allemand qu'il y a des règles communes à tous les États allemands. Les règles antérieures n'avaient rapport qu'au territoire du Zollverein, et ne se bornaient, quant à leur essence, qu'à la constatation de la population qui formait la base de la liquidation douanière. Le dernier recensement du »Zollverein« eut lieu le 1 Décembre 1871 ; à cette. occasion le cadre des questions était déjà beaucoup élargi. Il prit un développement plus grand encore au recensement suivant du 1 Décembre 1875, qui avait déjà été ordonné par le Bundesrath de l'empire allemand*).

---

*) Il est facile de suivre le développement des recensements de l'Allemagne dans les riches publications officielles de la »Statistik des deutschen Reichs«. Dans le I vol. on trouve (p. 472) le »règlement général« pour l'exécution des recensements, comme aussi le »règlement spécial« qui n'avait rapport qu'au recensement de 1871.[1]) Les questions à recueillir pour chaque individu de tous les pays de l'empire étaient :

Nom et prénom. Rapport au chef du ménage. Sexe. Lieu natal. Année de naissance. État civil. Confession. Profession (Beruf oder Erwerb), [Condition dans la profession, et profession auxiliaire]. Indigénat (Staatsangehörigkeit), Lieu de résidence des personnes présentes momentanément. — Outre cela comme questions facultatives :

Durée et cause de la présence des individus momentanément présents. Langue maternelle. Connaissance de l'écriture et de la lecture pour chaque individu âgé de plus de 14 ans. Cécité. Sourd-mutisme. Idiotisme. Aliénation mentale. Pour les absents : lieu de séjour, cause et durée de l'absence.

Les proposition des chefs des bureaux de statistique relatives au recensement de 1875 se trouvent dans le volume XIV. pag. 24. Les questions individuelles ne subissaient de changement que par l'adjonction de la question : si l'on était militaire actif. Outre cela, on avait rayé le paragraphe 4 du règlement spécial, qui recommandait de recueillir aussi les données propres à établir une statistique des conditions d'habitation (Wohnstatistik), et qui déconseillait l'amalgamation des recensements à d'autres grandes levées.

---

[1]) Voir aussi le vol II, pag. 98. et le vol. XXVII., fascicule VII. (Juillet) pag. 4.

Nous indiquons dans le tableau synoptique non-seulement les questions du dernier recensement (1875), mais aussi celles du recensement suivant (1. Dec. 1880). Et cela non-seulement à cause de l'intérêt que doit toujours nous inspirer la phase la plus récente des recensements, mais surtout en conséquence du fait que les bureaux de statistique des différents pays de l'Allemagne, où les recensements ont lieu par périodes quinquennales, éprouvaient le désir de traiter alternativement l'une ou l'autre partie des levées d'une manière plus détaillée, en se bornant à un dépouillement plus resserré pour les autres parties, c'est-à-dire les autres années. Or, comme en 1875 c'était la question des professions qui était particulièrement favorisée, et dont le dépouillement forme la riche statistique industrielle (»Gewerbestatistik«) de l'Allemagne, — question qui, comme nous l'avons dit, ne nous occupera pas dans le présent travail, — et comme les autres recherches n'étaient traitées dans les deux États les plus grands (Prusse et Bavière) que sous des points de vue généraux: on comprendra pourquoi il devait nous sembler inévitable de nous occuper aussi du schème de dépouillement qui sera suivi au prochain recensement de 1880.

En rapprochant le questionnaire individuel des deux recensements *), on trouvera qu'on en a élargi, en 1880, le cadre en faveur des questions suivantes:

La grande majorité des pays les plus importants de l'Allemagne n'ont relevé que la partie obligatoire du programme fédéral. Quant aux États les plus importants on ne rencontre que les adjonctions suivantes au cadre cité:

Jour de naissance: en Prusse et Saxe (en Bade pour le premier mois de la vie);

Lieu de naissance et langue maternelle: Saxe;

Cécité: Saxe royale et Oldenbourg;

Sourd-mutisme: Saxe royale et Oldenbourg, *Idiotisme et Aliénation mentale*: Saxe royale;

Durée du séjour des individus momentanément présents: Bade;

Les résultats du dénombrement de tout l'empire se trouvent dans les volumes XXV. (fasc. VII.) et XXX. (fasc. IV.) de la »Statistik des deutschen Reichs«.

Un aperçu général du développement des méthodes de recensement en Allemagne se trouve dans le fascicule de Juillet 1879 des »Monatshefte«.

*) Le questionnaire de 1880, dans la forme arrêtée par les chefs des bureaux de statistique, se trouve dans le Volume XLIII. Pag. 82.

Jour de naissance ⎫
Lieu de naissance ⎬ le tout obligatoire.
Condition dans la profession ⎭

En revanche, on rayait la question relative à la profession auxiliaire. On laissait à chaque gouvernement la liberté de procéder par listes de ménages ou par bulletins individuels.

Angleterre et Écosse.

Le dernier des recensements décennaux de la Grande Bretagne a eu lieu le 2 Avril 1871 et avait été ordonné pour l'Angleterre et l'Écosse par le Census Act 33 & 34 Vict. cap. 107.

Le recensement s'est fait à l'aide des listes de ménage (Householders schedule). On reconnaît dans le tableau synoptique, quelles étaient les questions posées. Nous n'avons à ajouter que les remarques suivantes :

L'âge est à indiquer en années révolues ; pour la première année en mois. En vertu des instructions, on devait aussi relever les *professions auxiliaires*. Dans la colonne du *lieu natal*, on devait indiquer pour les individus nés hors du pays s'ils étaient sujets anglais ou naturalisés. Aux *infirmités*, on devait indiquer si l'on y était sujet depuis la naissance.

Irlande.

Comme en Angleterre, le recensement a eu lieu aussi en Irlande le 2 Avril 1871 (ordonné par la loi 33 et 34 Vict. cap. 80). Les procédés et les questions posées étaient presque les mêmes qu'en Angleterre, mais il y a néanmoins des différences à constater, aussi bien à l'égard des levées que quant au dépouillement, — chose qui avait causé préliminairement un très vif échange d'idées entre le Registrar General de Londres et le Census office de Dublin. Le résultat en fut qu'en Irlande on a relevé toutes les circonstances qu'on recensait en Angleterre, et outre cela encore :

la confession ;

la connaissance de l'écriture et de la lecture ou de la lecture seule ;

la langue irlandaise ou anglaise (en demandant qu'on indiquât dans la rubrique réservée à l'écriture si l'on parlait l'irlandais, l'anglais ou les deux langues) ;

l'année du mariage (ou des mariages) ;

les absences et le lieu de séjour des absents.

Il y avait outre cela différents bulletins pour le dénombrement des maisons, des bateaux, des malades, des infirmes, des pauvres (dans les workhouses), des hôpitaux, des colléges et pensionnats, des asiles d'aliénés, des prisons, des écoles nommées »attending schools«, des enfants enregistrés dans les listes des écoles, des enquêtes (inquest). Nous donnerons dans ce qui suit une analyse des formulaires qui ont rapport aux relevés d'un intérêt général, rentrant dans le cadre d'un *recensement général*, tandis que nous passerons sous silence les recensements spéciaux de quelques institutions.

Maisons : Construites, — en construction, — ou en démolition. — Matériaux des murs, — Matériaux des toits, — Habitées, — ou non ? — Nombre des étages, — Nombre des chambres, — Nombre des fenêtres de front, — Nombre total des fenêtres donnant sur la rue, — Nombre des familles, — Nombre des individus malades, incapables de travailler (hommes ou femmes.)

Bateaux : (A inscrire tous les bateaux se trouvant dans les baies, ports, lacs, fleuves, canaux, pendant la nuit du 2 Avril en renseignant sur ce qui suit:) Numéro de l'enregistrement, — qualité (frégate, bateau à vapeur, barque de pêcheur, etc.) tonnage, — nom, — emploi (au service du gouvernement, pour transport de marchandises, de personnes, etc. en indiquant la cargaison ordinaire), — lieu de provenance du bateau. — Nom du capitaine ou du propriétaire, — chiffre de l'équipage de bord (hommes ou mousses) et sur terre (hommes ou mousses), passagers (h. ou f.) sujets brit. (h. f.) étrangers (h. f.)

Malades : Noms et prénoms, âge (années, mois) sexe, rapport au chef du ménage, profession, capable ou non de suivre sa profession, nom et durée de la maladie.

Les bulletins pour le recensement des institutions renferment les mêmes questions que les listes de ménage; il s'y trouve en outre joint une liste nominative des décès arrivés depuis le dernier recensement (dix ans avant).

Belgique.

N'étant pas encore en possession du recensement de 1876, nous avons eu recours à celui de 1866. Le recensement s'est fait par listes de ménages. Comme le § 2 de l'arrêté royal du 31 juillet 1866 exigeait le relevé des personnes temporairement absentes, nous étions autorisé à indiquer dans le tableau synoptique le caractère de l'absence comme un des points relevés. La rubrique

de la langue parlée devait être remplie par l'énumération de
toutes les langues nationales qu'on parle. Quoique l'on ait établi,
dans le dépouillement la population de droit, et quoique les
instructions déclarent assez clairement que la question relative à
la résidence habituelle a été posée pour arriver à la connaissance de la population de droit, force nous était d'indiquer le
domicile légal comme non-relevé. Car en effet ce n'est pas la
population de droit, mais seulement celle de demeure qu'on
obtient par ces questions. On reconnaît la contradiction même
dans les en-têtes des tableaux de dépouillement, où l'on trouve in-
scrit: »Population *de droit*« et comme explication : »ou individus
résidant *habituellement* dans la commune.« Mais les résidants ha-
bituels ne forment que la pop. de demeure et non celle de droit.

France.

Comme le dernier dénombrement de la France (1870) a
embrassé moins de questions que celui de 1866, nous avons préf-
féré donner aussi un aperçu du dénombrement antérieur.

Les questions rayées en 1876 sont:

 le culte et

 la connaissance de la lecture et de l'écriture.

Suisse.

Le questionnaire du dernier recensement est caractérisé par
le tableau synoptique. Nous ajouterons que la réponse à la
question de l'état civil devait distinguer les divorcés des époux
vivant séparément, et que la rubrique de la durée du séjour
renfermait une question pour ceux qui étaient de passage.

Le recensement s'est fait par listes, et elles contenaient en
partie aussi des colonnes de dépouillement. C'est ainsi qu'il .y
avait, par exemple, pour la question relative à la confession
quatre rubriques (catholiques, protestants, autres conf. chrétiennes,
conf. non-chrétiennes) pour la réponse qui consistait dans l'inscription d'un 1 dans la rubrique relative. En conséquence, il
était à prévoir, qu'on ne pourrait dépouiller d'une manière posi-
tive que deux confessions.

La question relative à la langue parlée n'était pas posée
dans le formulaire; les agents avaient l'instruction d'indiquer la
langue principale de chaque ménage.

Nous n'avons pas été à même de nous procurer dans les bibliothèques de Budapest et de Vienne un recensement du *Portugal,* et comme la prière que nous avons adressée à cet égard à Lisbonne est restée jusqu' à présent sans réponse, nous sommes forcé de renoncer à une analyse des recensements de ce pays.

TABLEAU

des renseignements démograhpiques recueillis par les recensements

Objets d'observation.	Finlande 31/XII 1865	Suède 31/XII 1870	Norvége 31/XII 1875	Danemark 1/II 1880	Allemagne 1/XII 1875	Allemagne 1/XII 1880	Prusse* 1/XII 1875	Bavière 1/XII 1875	Saxe 1/XII 1875	Württemberg 1/XII 1875	Bade 1/XII 1875	Hesse* 1/XII 1875	Oldenburg* 1/XII 1875
A) Renseignements essentiels, recommandés par le Con-													
a) Nom et prénom	1	1	1	1	1	1	1	1	1	1	1	1	1
b) Sexe	1	1	1	1	1	1	1	1	1	1	1	1	1
c) Age[2]	1	A	A	1	A	J	J	J	J	A	A[3]	A	A
d) Rapport au chef de la famille ou du ménage	—	1	1	1	1	1	1	1	1	1	1	1	1
e) État civil	1	1	1	1	1	1	1	1	1	1	1	1	1
f) Profession ou condition[5]	1	1	1	1	1	1	1	1	1	1	1	1	1
g) Culte	1	1	1	1	1	1	1	1	1	1	1	1	1
h) Nationalité ethnographique (langue parlée)	1	1	1	—	—	—	—	—	L. mat.	—	—	—	—
i) Connaissance de la lecture ou de l'écriture	—	—	—	—	—	—	—	—	—	—	—	—	—
j) Domicile légal	—	1	—	—	1	1	1	1	1	1	1	1	1
Lieu (pays) de naissance	—	1	1	1	—	1	—	1	1	—	—	—	—
k) Caractère (durée) de la présence	—	—	1	1	1	1	1	1	1	1	1	1	1
De même pour l'absence	—	—	1	1	1	—	1	1	1	1	1	1	1
Résidence ordinaire	—	—	1	—	—	—	—	—	—	—	—	—	—
l) Cécité	—	1	1	1	—	—	—	—	1	—	—	—	1
Sourd-mutisme	—	1	1	1	—	—	—	—	1	—	—	—	1
Idiotisme, crétinisme	—	1	1	1	—	—	—	—	1	—	—	—	—
Aliénation mentale	—	1	1	1	—	—	—	—	1	—	—	—	—
B) Autres renseignements recommandés													
Profession auxiliaire	—	—	—	—	1	—	1	1	1	1	1	1	1
Maladies graves	—	—	—	—	—	—	—	—	—	—	—	—	—
Ecoliers des éc. primaires	—	—	—	—	—	—	—	—	—	—	—	—	—
Parenté des époux	—	—	—	—	—	—	—	—	—	—	—	—	—
Enfants trouvés	—	—	—	—	—	—	—	—	—	—	—	—	—
C) Autres													
Lieu de séjour des absents	—	—	1	1	1	1	—	1	1	1	1	1	1
Résidence des personnes temporairement présentes	—	—	—	—	1	1	1	1	1	1	1	1	1
Filles-mères	1	—	—	—	—	—	—	—	—	—	—	—	—
Sourds	—	—	—	1	—	—	—	—	—	—	—	—	—
Année de mariage	—	—	—	—	—	—	—	—	—	—	—	—	—
Muets	—	—	—	—	—	—	—	—	—	—	—	—	—
Estropiés	—	—	—	—	—	—	—	—	—	—	—	—	—
Goitreux	—	—	—	—	—	—	—	—	—	—	—	—	—
Accomplissement du service militaire	—	—	—	—	—	—	—	—	—	—	—	—	—
Cause de l'absence	—	—	—	—	—	—	—	—	—	1	—	—	—

1) Les lettres, a), b), c) etc. correspondent à la même indication des résolutions de St.
mer mois: jour de la naissance. — 4) On ne demande pas le rapport, mais la parenté au chef du
race, mais les langues parlées qu'on demandait. — 7) On demandait d'indiquer par un 1 si l'on
pays. — 6) Autant que possible indiquer aussi le jour. — 9) Langue usuelle (Umgangssprache.)
— 10) En 1865 on a aussi relevé la nationalité.

dans les États de l'Europe et aux États-Unis de l'Amérique du Nord.

grès international de statistique de St. Pétersbourg. [1]

Meklenburg*	Angleterre* et Écosse	Irlande	Pays-Bas	Belgique*	France		Espagne	Italie	Suisse	Autriche		Hongrie		Serbie	États-unis*
1/XII. 1875	2/IV. 1871	2/IV. 1871	1/XII. 1869	31/XII. 1866	avr. mai 1866	décemb. 1876	31/XII. 1877	31/XII. 1871	1/XII. 1870	31/XII. 1869	31/XII. 1880	31/XII. 1869	31/XII. 1880	Dec. 1874	1/VI. 1870
1	1	1	1	1	1	1	1	1	1	1	1	1	1	1	1
1	1	1	1	1	1	1	1	1	1	1	1	1	1	1	1
A	1	1	J	J	A	A	1	1	J	A	A [8)] 1	J		1	1
1	1	1	1	1 [4)] —		1	1	1	1	1	1	1	1	1	—
1	1	1	1	1	1	1	1	1	1	1	1	1	1	1	1
1	1	1	1	1	1	1	1	1	1	1	1	1	1	1	1
1	—	1	1	—	1	—	1	1	1	1	1	1	1	1	1
—	—	1	—	1 [6)] —		—	1	—	1	—	1 [9)] —	[10)] 1	— [12)]	1
—	—	1	—	1	1	—	—	1	—	—	1	1	1	1	1
1	—	—	—	—	1	1	1	—	1	1 [7)] 1	1	1	—	—
1	1	1	1	1	1	1	—	1	—	1	1	1	1	1	1
1	—	1	1	—	—	—	1	1	1	1	1	1	—	—
1	—	1	1	1	—	—	1	1	1	1	1	1	—	—
—	—	1	1	—	—	1	1	—	—	—	—	—	—	1
—	1	1	1	—	1	1	1	1	1	1	1	1	—	1
—	1	1	1	—	1	1	1	1	1	1	1	1	—	1
—	1	—	—	—	1	1	1	1	—	1	1	1	—	1
—	1	1	—	—	1	1	1	1	—	1	1	1	—	1

par les Congrès intern. de statistique.

Meklenburg*	Angleterre* et Écosse	Irlande	Pays-Bas	Belgique*	France		Espagne	Italie	Suisse	Autriche		Hongrie		Serbie	États-unis*
1	1	1	—	—	—	—	—	—	—	—	—	1	—	—	1
—	1	1	—	—	—	—	—	—	—	—	—	—	1	—	—
—	1 [11)]	—	—	—	—	1	—	—	—	—	—	—	—	—	—
—	—	—	—	—	—	—	—	—	—	—	—	—	—	—	—
—	—	—	—	—	—	—	—	—	—	—	—	—	—	—	—

questions.

Meklenburg*	Angleterre* et Écosse	Irlande	Pays-Bas	Belgique*	France		Espagne	Italie	Suisse	Autriche		Hongrie		Serbie	États-unis*
1	—	1	1	1	—	—	1	—	—	1	1	1	1	—	—
1	—	—	—	—	—	—	1	—	—	—	—	—	—	—	—
—	—	—	—	—	—	—	—	—	—	—	—	—	—	—	—
—	—	1	—	—	—	—	—	—	—	—	—	—	—	—	—
—	—	1	—	—	—	—	—	—	—	—	—	—	—	—	—
—	—	1	—	—	—	—	—	—	—	—	—	—	—	—	—
—	—	—	—	—	—	—	—	—	—	—	—	1	—	—	—
1	—	—	—	—	—	—	—	—	—	—	—	—	—	—	—

Pétersbourg. [2] J = Jour de naissance, A = Année de naissance, 1 = Âge. — [3] Pour le pre-
ménage. — [5] I = Profession et condition de travail (maître, ouvrier, etc.) — [6] Ce n'est pas la
appartenait à la commune ou non, et pour les étrangers, dans la colonne des remarques, le
— [10] Langue maternelle, outre cela connaissance des langues du pays. — [11] Seulement en Écosse.

CHAPITRE IV.

État actuel des dépouillements dans tous les pays de l'Europe et aux États-Unis de l'Amérique du Nord.

Nous donnons dans les pages suivantes un extrait des matières contenues dans les ouvrages sur les recensements de tous les pays de l'Europe et des États-Unis de l'Amérique.

Nous croyons par là offrir quelque utilité non-seulement aux personnes qui, étrangères aux travaux de statistique, s'intéressent aux renseignements démographiques que présentent les résultats des recensements, mais encore aux statisticiens. Une collection complète de tous les ouvrages relatifs aux recensements est chose assez rare; c'est ainsi, par exemple, que le bureau que j'ai l'honneur de diriger depuis dix ans, et qui dispose d'une bibliothèque de 5000 volumes, ne possède pas à cet égard une collection complète, de sorte que j'ai été forcé de recourir à d'autres bibliothèques et même à celles des pays étrangers.*) Or, je ne crois pas me tromper en pensant que même les chefs des bureaux de statistique, qui se trouvent dans une situation plus avantageuse à cet égard que moi, me sauront gré d'avoir étudié et d'avoir fait l'extrait de toute une bibliothèque d'ouvrages, écrits dans les langues les plus différentes, comme le français, l'allemand, l'anglais, l'italien, le néerlandais, le suédois, le norvégien, le danois, le russe, le finlandais, le hongrois, l'espagnol, le grec, le roumain et le serbe, — circonstance qui ne concourt pas peu à augmenter la fatigue de cette entreprise.

L'extrait suivant rendra aussi de bons services, en présentant une vue d'ensemble, un aperçu synoptique des matériaux accumulés dans les ouvrages existants. Il offre la possibilité

---

*) Je dois exprimer à cette occasion mes plus vifs remerciments à la direction de Statistique à Vienne qui a eu la complaisance de mettre à maintes reprises à ma disposition les ouvrages que je ne possédais pas.

d'embrasser d'un coup d'oeil pour ainsi dire les renseignements dispersés dans une foule d'ouvrages, comprenant plus de 15000 pages, et dont on ne pourrait guère utiliser les matières dans l'état où ils se trouvent actuellement. Le contenu de la bibliothèque démographique que représentent les recensements du monde civilisé est extrait et résumé dans les quelques pages qui suivent, de manière que ce que renferme 'un gros volume se trouve souvent réduit à quelques lignes, — quoique rien n'ait été omis des tableaux que les chiffres.

Avant d'entrer dans l'analyse des ouvrages de dépouillement, il nous faut dire à quels spécimens de tableaux s'étendra ce travail. En effet, en réfléchissant à la nature et au but des tableaux, nous ne manquerons pas de remarquer qu'il y a lieu d'en distinguer de différentes espèces, correspondant aux différentes espèces de travaux intellectuels qui se cachent sous le titre de *dépouillement*.

En travaillant les matériaux fournis par l'observation statistique, comme p. e. les matériaux des recensements, nous arrangeons les résultats numériques en colonnes. Le travail dont nous nous sommes occupé est simplement un exposé de chiffres (Auszählung), de sorte que je nommerai les tableaux auxquels il donne lieu *tableaux d'exposition* (Auszählungstabellen).

Comme ils renferment sèchement les faits, ce sont les seuls dont nous ayons à nous occuper.

A côté de ces tableaux, nous en trouvons qui doivent leur existence à la combinaison, à l'investigation individuelle des statisticiens. Rentrent dans cette catégorie tous ceux qui proviennent des combinaisons faites entre différentes séries de recherches, soit pour le pays même, soit pour différents États, comme aussi les *réductions en pour cent*. Le signe caractéristique de ces tableaux est l'élément de comparaison qui y entre. Nous les nommerons par conséquent *tableaux comparatifs ou renseignements complémentaires*.

Il va sans dire que la partie »complémentaire« des tableaux de statistique a une énorme importance. La majeure et la plus précieuse partie de nos jugements dérive de la comparaison. Mais, comme le jugement est toujours une affaire de conception individuelle, nous n'aurons pas à nous en occuper dans les recherches actuelles. Nous aurons aussi à passer sous silence toutes les *colonnes* d'un caractère *comparatif* qui se trouvent intercalées dans un *tableau d'exposition*.

Outre cette distinction relative à la méthode de dépouillement, il faut encore établir une distinction quant à la nature des matières à observer.

On trouve dans tous les ouvrages des tableaux et des parties de tableaux qui n'ont de valeur que pour le pays même, comme p. e. tous les tableaux relatifs à l'administration. Au point de vue où nous nous sommes placé, nous ne nous occuperons que des questions scientifiques, comme étant celles qui réclament à bon droit une observation internationale, pour laisser de côté les points de vue qui tiennent purement au caractère national. Nous désignerons les premières sous le nom de »*questions internationales*« les autres sous celui de »*questions particulières*«.

Les tableaux de statistique se présenteront donc selon le cadre suivant:

Matières d'observation	Méthode de dépouillement	
	Tableaux d'exposition	Tableaux de comparaison
Internationales	*A*	*B*
Particulières	*C*	*D*

On voit que ce n'est que la partie *A* qui nous occupera.[*]

Finlande.

Les résultats du dénombrement du 31 déc. 1865 se trouvent exposés dans l'ouvrage qui a paru en 1870, sous le titre de »Väkiluvun-tilastoa. Ensimäinen vihko Soumen Väesto Joulukum 31 p. 1865.« Il contient les renseignements suivants:

Superficie en verstes carrées.

Population totale (sans distinction de sexe) d'après les communes.

Âge et confession. Pour chacun des groupes d'âge suivants: 0—1, 1—3, 3—5, 5—10 et ainsi de suite jusqu'à 100 ans, se

[*] Le texte du chapitre présent a été remis en épreuve aux bureaux de statistique. La plus grande partie des bureaux ont eu la complaisance de nous renvoyer les épreuves vérifiées ou amendées. Les pays pour lesquels une pareille vérification ne nous a pas été remise sont marqués d'un astérisque. *

trouvent indiqué le nombre des luthériens et celui des catho·
liques d'après le sexe. Mais, tandis que les luthériens sont relevés par gouvernements, les tableaux des catholiques (en tout 830)
se bornent à l'indication des catholiques pour toute la Finlande.

État civil. Les divorcés manquent; les filles-mères sont
par contre indiquées et distinguées d'après le culte (catholique,
luthérien), et en tenant compte du sexe. Toutes ces données
se répartissent sous les deux titres de :

Villes et campagne. [Les données de l'état civil sont indiquées
pour chaque paroisse par sexe, sans combinaison de la confession et du nombre des filles-mères, mais par contre combinées avec l'âge [*a*) au-dessous de 15 ans, *b*) de 15—60,
c) au-dessus de 60 ans.]

Suède.

Les résultats du dernier recensement (du 31 Décembre 1870)
se trouvent renfermés dans l'ouvrage officiel: Sveriges officiela
statistik, Befolkningo Stat. vol. XII₂ et volume XII₃. Le volume XII₂
contient une indication qui s'étend jusqu'aux paroisses, en relevant
pour chacune d'elles la population totale, l'état civil (4 rubriques
selon le sexe) et le nombre des ménages. Ce volume doit donc
être considéré comme un dépouillement communal.

Le dépouillement a été rédigé sous les points de vue suivants :

Ménages: Nombre des ménages avec 1—2–3— jusqu'à 15 et
plus de 15 personnes, selon les villes et campagne. (v. volume
XII₂ Page XVI du rapport au roi).

Âge et état civil: (Tabl. 1.) On indique pour chaque année
d'âge l'état civil avec distinction de sexe, selon villes et campagne.

Confession: Spécification des personnes non luthériennes;
selon le sexe. (Tableau 5 XII. 2. tous les tableaux suivants sont
extraits du volume XII₃).

Lieu de naissance: (Tabl. 2 et 3.) Spécification des départements (villes et camp.) resp. États relevés (sans distinction de sexe).

Nationalité ethnographique: On distingue pour les Lapons
et les Finnois (Tabl. 4) le sexe et l'état civil avec distinction des
enfants jusqu'à 10 ans. Pour les Bohémiens (Zingani), on ne
distingue que le sexe.

Infirmités.

Le dépouillement de la statistique des aliénés, des aveugles et des sourds-muets a été effectué sous les points de vue suivants:

1. *Infirmités combinées*, à savoir: indication des cas ou une ou plusieurs des infirmités suivantes se trouvaient réunies à la fois: aliénation, cécité, sourd-mutisme, mutisme, paralysie, épilepsie et »autres« infirmités.

2. *Hérédité* des mêmes maux: Indication des cas d'hérédité directe, — apparition collatérale chez deux frères (soeurs) — 3—4 frères (soeurs) et chez les époux.

3. *Hérédité* des mêmes infirmités (avec les combinaisons mentionnées) et avec distinction entre l'hérédité directe et collatérale.

Tout cela sans distinction de sexe.

4. *Distinction entre villes et campagne.*

5. *Age*: pour les sourds-muets 0—10—15—20—60 au-dessus de 60 ans; pour les autres infirmités: 0—10—20—40—60 ans, et au-dessus; pour l'aliénation: rubrique spéciale pour les personnes alienées dès l'enfance.

6. *État civil*: Nombre des mariés et des veufs selon le sexe. — L'état civil est aussi combiné, sans distinction de sexe, avec l'âge selon les groupes suivants 20—40—60 ans — et au-dessus; (pour les sourds-muets: 20—60 ans — au-dessus.)

Ces derniers trois points sont relevés d'après le sexe.

Norvége.

Les résultats du dénombrement du 31 Décembre 1875 sont contenus dans l'ouvrage »Resultaterne af Folketaellingen i Norge 1 Januar 1876« (trois cahiers). Les points de vue qui y sont traités sont les suivants:

Superficie: en lieues ☐ de Norvége et en kilom. ☐

Population de fait et de demeure; selon le sexe.

Séjour: temporairement présents et temporairement absents; selon le sexe.

Maisons: *a*) maisons ordinaires, *b*) dépendances habitées.

Maisons de villes: bâtiments latéraux, — bâtiments de derrière, — de domestiques, — autres logements détachés, — caves habitées.

Bâtiments ruraux: Dépendances des »föderadshuse«[*], — bâtiments de domestiques, — bâtiments de lavage et de repassage, — étables habitées, — autres bâtiments.

Institutions: Nombre des maisons et des habitants, selon le sexe, pour les institutions suivantes : Maisons de retraite, hospices, — dépôts de mendicité, — hôpitaux, — asiles d'aliénés, — prisons, — établissements pénitentiaires et de force, — instituts d'éducation, — institutions d'instruction, — casernes, — maisons d'ouvriers, — établissements industriels habités, — autres institutions.

Ménages: Nombre des personnes vivant seules, — nombre des ménages et des personnes y appartenant, (selon le sexe). — Nombre des institutions spécifiées plus haut et des personnes y appartenant.

Age (Population de fait): par périodes annuelles d'âge et selon le sexe, combiné avec :

L'État civil (4 rubriques). De même pour la population de demeure en périodes annuelles d'âge.

Le troisième volume (encore sous presse) s'occupe des professions, de la nationalité, des lieux de naissance, des cultes et des infirmités.

Danemark.

Les résultats du dénombrement du 1 février 1871 sont contenus dans le vol. VIII du »Statistisk Tabelvaerck« (Série III) et sont dépouillés comme suit :

Age et sexe: périodes annuelles.

État civil: les quatre catégories par années d'âge et par sexe.

Villes et campagne: les même données de l'état civil combinées avec l'âge, mais par groupes d'âge suivants : 0, — 1, — 3, — 5, — 6, — 7, — 10, — 14, — 15, — 16, — 17, — 18, — etc. en périodes annuelles jusquà 25 ans ; au-dessus de 25 ans en périodes quinquennales.

Empire allemand.

Le dépouillement des matériaux démographiques relevés par le recensement qui aura lieu au mois de décembre de l'année courante présentera, à divers égards, des adjonctions rela-

---

[*] Bâtiments d'habitation des personnes âgées, ayant un droit d'entretien viager sur la pro priété.

4

tivement aux dépouillements antérieurs. C'est ainsi que le dépouillement de l'âge qui ne s'est fait en 1875 qu'en douze groupes, (à savoir par périodes quinquennales pour les âges inférieurs et par périodes décennales pour les âges supérieurs)**) se fera pour chaque année d'âge. Les données relatives à l'état civil et au lieu de naissance, qui en 1875 n'étaient pas entrées dans le cadre de la statistique de l'empire, seront aussi élaborées, et cela en combinant l'état civil avec l'âge.

Par contre, il faut constater une réduction de l'élaboration par l'élimination de la combinaison de l'indigénat avec l'âge. En 1875, l'âge (par groupes quinquennaux et décennaux) était exposé dans cette combinaison pour chaque État allemand et dans une colonne totale pour tous les étrangers, en distinguant les sexes (et pour l'Allemagne les militaires).

Relevons aussi la décision que dans tous les cas où l'âge et l'état civil n'étaient pas indiqués, on admettait ou de dresser à cet égard des tableaux spéciaux ou d'ajouter ces données par évaluation.

Voici le schème adopté pour les tableaux de dépouillement (voir »Statistik des Deutschen Reichs« 43. Band, pag. 133—4.)

Tableau I. *Superficie, bâtiments habités, ménages*; et *population* (de fait).

1. Nom de l'état, etc.

2. Superficie en kilomètres carrés (à l'exclusion des parties maritimes).

3. Bâtiments habités:

4. Ménages:

a) ordinaires avec 2 et plus de personnes; *b)* personnes vivant seules; *c)* institutions (Anstalten).

5. Population présente: masc., fém. total.

Les rubriques 6 et 7 sont complémentaires et contiennent des comparaisons avec le recensement antérieur.

Supplément au I. Tableau.

On a adjoint, pour chaque état, un aperçu sommaire du nombre des personnes appartenant à l'état respectif, à d'autres États confédérés, à l'étranger (avec distinction des divers États); de ·plus, celui des personnes dont l'indigénat n'a pas été constaté); en outre, celui du nombre des militaires (allemands) actifs.

**) En 1871 on distinguait des périodes annuelles.

Tableau II. Contient les noms des lieux d'habitation d'une population de 2000 habitants et au-dessus, rangés d'après les États, départements, etc. avec indication de la dénomination usitée (ville, village, etc.) et de l'état de la population.

Les Sommaires III., IV. et V. sont d'un contenu particulier. (Population des districts d'impôts, d'élection, de recrutement, etc.)

Tableau VI. *Confession.*

Se trouve indiqué le nombre de toutes les confessions chrétiennes relevées, des israélites, des autres confessions et des personnes d'une religion non décidément indiquée, ainsi que le nombre des personnes d'une religion inconnue.

Tableau VII. *Année de naissance selon le sexe:* en périodes annuelles.

Tableau VIII. *État civil selon le sexe et l'âge.* On a distingué si l'individu est célibataire (c'est-à-dire s'il n'a jamais été marié), — marié, — veuf, — divorcé. Le tout en combinaison avec l'âge (périodes quinquennales) et par sexe.

Tableau IX. *Lieu de naissance d'après le sexe:* Presque tous les États relevés sont énumérés séparément; enfin: en mer et — pays inconnus.

Passant maintenant au dépouillement des divers États de l'Allemagne, nous nous référons à ce que nous avons relevé relativement à la plus grande étendue des recensements de 1871, et nous analyserons par conséquent aussi les systèmes suivis dans ce temps-là, mais nous n'envisagerons cependant pour chaque point que celui des deux dépouillements qui est le plus riche, tandis que nous passerons sous silence le dépouillement moins important. Tous les points de vue qui étaient obligatoires pour la statistique de l'empire sont contenus eo ipso dans la statistique des États.

Prusse. *

Les résultats du dénombrement de 1871 se trouvent contenus dans le volume XXX. de la statistique prussienne et remplissent (sans le recensement du bétail et la statistique des professions) 332 pages de ce livre aussi volumineux qu'important. Le dépouillement du dénombrement de 1875 occupe à la vérité

52

aussi 223 pages (du cahier XXXIX, 1 moitié*); néanmoins, le nombre des points de vue démographiques pris en considération à cet égard est bien moindre en conséquence du traitement détaillé de la statistique des professions; l'extension des résultats du dénombrement est causée par le fait qu'ils remontent jusqu'aux villes de 2000 habitants.

Superficie et population (1871). Les rubriques d'un contenu international donnent la superficie dans quatre unités de mesure et la population avec distinction du sexe.

Lieu de naissance (1871). Des sept tableaux qui s'en occupent, il y en a cinq de contenu particulier. Des deux tableaux internationaux, le premier contient les lieux de naissance d'après la distinction suivante:

Nés dans la Commune, — Autre Commune du »Kreis« (district), — Autre »Kreis« (district) de la province, — Autre province de l'état — (jusqu'ici distinction du sexe). Autre état de l'Allemagne, — Autre état de l'Europe, — Autres parties du monde, — Bateaux.

L'autre tableau spécifie les lieux de naissance des personnes nées en Prusse, selon les provinces.

Indigénat, (1871). Dans les six tableaux qui s'y rapportent nous en trouvons trois d'un caractère international; à savoir:

Renseignement des pays auxquels appartiennent les individus selon les groupes suivants: Prusse, — Allemagne septentrionale,— Allemagne centrale, — Allemagne méridionale, — Europe du Nord et de l'Est, — Europe de l'Ouest et du Midi, — Hors de l'Europe,— Inconnu. — Tout cela selon le sexe.

Un autre tableau (3) spécifie tous les pays relevés, et cela séparément pour les deux sexes.

Présence et absence (1875). Ces deux points de vue ne se trouvent élaborés que pour 1875 (Tabl. 4), où l'on distingue:

a) présents au lieu du recensement: 1) habitant le lieu du recensement, par sexe, 2) habitant d'autres lieux, par sexe.

b) absents du lieu:

c) domiciliés dans le lieu du recensement.

Confession (1871). Douze tableaux donnent le nombre des confessions relevées, avec distinction du sexe. Il s'y trouve des expo-

---

*) La fin de cette livraison, — qui devra contenir la statistique des âges, — n'a pas paru jusqu'au mois d'octobre 1880.

sitions comparatives très intéressantes, qui remontent, en partie, jusqu'au commencement du siècle, mais comme elles ne sont que d'un caractère complémentaire et particulier elles ne peuvent pas être prises en considération ici.

Degré d'instruction (1871). On constate combien d'individus au-dessus de 10 ans savent lire et écrire et combien ne savent ni lire, ni écrire (illettrés), et en combien de cas cette recherche a été douteuse. Il s'y trouve de plus exposé quel était le nombre des illettrés chez les luthériens, les catholiques, les israélites et chez les dissidents. Tout cela avec distinction du sexe.

(N. 7). *Lieu de naissance des infirmes*; il est exposé d'après les rubriques suivantes: dans la commune du dénombrement, — autre commune du »Kreis«, — autre Kreis de la province. — autre province de l'État, — autre État de l'Allemagne, — autre État de l'Europe; — (avec distinction du sexe.)

(N. 9). *Infirmes d'après les confessions suivantes*: protestants et dissidents, catholiques, israélites (sans distinction de sexe).

(N. 10) *Instruction des infirmes:* Il y a parmi les infirmes

au-dessous de 10 ans
au-dessus de 10 ans qui savent lire et écrire
au-dessus de 10 ans qui ne savent ni lire ni écrire
au-dessus de 10 ans dont l'instruction est douteuse

} dont aveugles, sourds-muets, idiots ou aliénés

(N. 14). *État civil des infirmes au-dessus de 15 ans.* On expose ici pour les quatre infirmités principales le nombre des célibataires, des mariés et des veufs avec distinction du sexe.

(N. 16). *Âge des aveugles avec distinction du séjour dans des institutions.* Groupes d'âge: de 0—40 ans en groupes quinquennaux, puis de 40 à 50 ans, et au-dessus de 50 ans; avec distinction du sexe. En outre, à partir de 18 ans: distinction d'après le séjour. dans les institutions ou dans la famille. (No. 17, 21, 22 par sexe). Même chose pour les *sourds-muets, les idiots et les aliénés.*

(N. 20.) De même, pour les idiots sourds-muets, mais avec l'omission de l'indication du séjour.

(N. 25). *Nombre des infirmes placés dans des institutions.* Nombre des aveugles, sourds-muets, sourds-muets-idiots, idiots, aliénés, (avec distinction du sexe.)

(N. 26). *Spécification des institutions:* pour location, pour soins et guérison, — instruction et éducation, — pour des buts religieux,

— maisons de retraite, — de bienfaisance, — de détention et de punition, — militaires, — buts non précisés.

L'âge (1871) est relevé d'après chaque année de naissance de 1870 à 1770 et séparément pour chaque sexe. À la fin, il y a deux colonnes pour les individus nés avant 1770 et ceux dont l'âge n'a pas été indiqué.

Les enfants nés du 1 décembre 1870 jusqu'au 30 novembre 1871 sont, en outre, relevés par mois, avec distinction du sexe.

L'état civil (1871) est relevé en combinaison avec l'âge d'après le sexe. Les groupes sont quinquennaux pour les naissances qui ont eu lieu de 1871 à 1832, et décennaux de 1832 à 1772. A la fin, il y a 2 rubriques pour les individus nés avant 1772 et pour ceux dont les données manquent. (Le total se trouve dans un tableau séparé, N 3).

L'état civil est distingué d'après les quatre catégories usuelles.

Ménages (1871): Au Tableau N. 3, mentionné plus haut, se trouvent adjointes deux colonnes, contenant le nombre des familles et des ménages des personnes vivant seules. Outre cela, on trouve indiqué dans le registre alphabétique des districts, villes, etc., le nombre des ménages. (En 1875 et en 1880 les ménages sont soumis à une élaboration détaillée; voir à cet égard le sommaire de l'empire Allemand (Reichsübersicht) I, section 4, mentionné sous le titre d' »Empire Allemand«, qui a aussi été en vigueur pour le dénombrement de 1875).

Maisons. Le nombre des maisons se trouve dans le registre alphabétique mentionné. (Pour des dépouillements plus détaillés voir le sommaire de l'empire, tabl. 1, troisième section).

Bavière.

Les résultats du dénombrement de 1871 se trouvent dans la IV-e année de la Revue du bureau royal de statistique de Bavière p. 260—320. En outre, on a publié dans le XXXI/II cahier des »Beiträge zur Statistik des Königreiches Bayern« un ouvrage tabellaire très détaillé, remontant jusqu'aux districts et aux villes immédiates (185 unités géographiques et contenant 453 et 438 pages sur le sexe, l'âge, l'état civil et la nativité de la population bavaroise, par périodes quinquenales pour les districts et par périodes annuelles pour les provinces et les villes immédiates. Dans le XXXVIII cahier des »Beiträge«, renfermant la statistique des communes (Gemeindeverzeichniss), se trouvent exposés les principaux résultats, [nombre des lieux, population présente (y compris les militaires), sexe, confession d'après 4 rubriques, indigénat d'après trois rubriques, nombre des ménages et total de la population de demeure] pour chacune des 8042 communes. Dans un tableau précédent se trouve aussi exposé la superficie, ainsi qu'une spécification des confessions en 13 rubriques pour chacun des 185 districts administratifs.

Les résultats du dénombrement de 1875 se trouvent dans la neuvième année (1877) de la revue statistique du bureau. Le »Gemeindeverzeichniss« se trouve dans le XXXVI cahier des »Beiträge« avec l'appendice de 1879. Une élaboration très détaillée des données relatives au sexe, à l'âge, à l'état civil et à l'indigénat a été publiée dans le XLII cahier des »Beiträge.«

Le dépouillement (dans les »definitive Ergebnisse«) se borne à l'énumération des maisons d'habitation, des ménages (à l'exclusion des instituts), des sexes, de l'indigénat (d'après le sexe avec spécification de tous les états relevés) et de la religion (selon le sexe avec spécification de toutes les religions relevées).

Il s'y trouve de plus indiqué le nombre de la population présente (d'après le sexe) pour tous les lieux d'habitation.

En 1875 on a ajouté l'état conjugal (avec les 4 rubriques usuelles et une 5-ième pour les personnes non relevées) et l'indication des militaires actifs; mais on a omis la distinction du sexe pour l'indigénat et la religion; ce dont on pouvait se passer, vu que dans le 42 volume mentionné des »Beiträge« ces données ont été publiées dans la plus grande étendue et en combinaison avec d'autres points de vue.

On a suivi pour l'élaboration du recensement les points de vue suivants:

Age: d'après classes quinquennales jusqu'à 100 ans.

État civil: pour les hommes les 4 rubriques usuelles, et dans les trois premières la distinction entre civil et militaire. Pour les femmes les quatres rubriques usuelles.

Nous ferons remarquer que c'est l'âge qui forme (en 20 groupes quinquennaux) le principe de division de ce tableau,

56

de manière que l'état civil est indiqué pour chacun desdits 20 groupes, (et cela en descendant jusqu'aux districts »Bezirksamt« et jusqu'aux villes immédiates »unmittelbare Städte«). Pour les circonscriptions administratives supérieures*), l'état civil se trouve indiqué pour chaque année (de naissance) en distinguant partout l'indigénat et tout cela d'après le schème suivant:

1-ère colonne: année de naissance;

2-célibataires: *a*) indigènes bavarois (dont civils, militaires), *b*) autres États de la confédération allemande, *c*) étrangers, *d*) total (milit. civils, ensemble);

De même pour les mariés les veufs et les divorcés.

Divorcés, comme plus haut.

Total: comme plus haut sous 2).

Les tableaux relatifs aux femmes sont les mêmes, mais naturellement avec omission de la rubrique pour militaires.

Saxe royale.

Les résultats des dénombrements de ce pays se trouvent dispersés dans diverses dissertations publiées dans la Revue du bureau royal de statistique.

Les points de vue qui ont présidé au dépouillement sont les suivants:

Confession: toutes les confessions sont relevées avec distinction des villes et campagne (sans distinction de sexe).

Age: d'après les années d'âge selon le sexe.

État civil: les quatre conditions pour chaque année d'âge et chaque sexe.

Indigénat: Saxe, autres États de la confédération, États étrangers; selon le sexe.

Infirmes: On distingue quatre infirmités: cécité, sourd-mutisme, aliénation, idiotisme. On indique: le sexe, le lieu de séjour (dans des instituts particuliers, — hôpitaux, — hospices et maisons de pauvres, — dans les familles), âge (0—5—10—15—20, puis des groupes de dix ans jusqu'à 80 ans); lieu de naissance (dans la commune, — autre commune de Saxe, — hors de Saxe); profession. Puis la combinaison des infirmités, et tout cela avec distinction du sexe.

*) Y compris les villes de plus de 20.000 habitants.

Würtemberg.

Les résultats des dénombrements de ce pays ont été publiés dans les »Würtembergische Jahrbücher«. Ceux qui se rapportent au recensement de 1875 se trouvent aux pages 220—242 de l'année 1875, et p. 48—53 de l'année 1876*). Le dépouillement statistique du royaume se distingue de celui de l'empire en ce que l'état civil est indiqué d'après les périodes annuelles d'âge.

Bade.

Les résultats du recensement de 1875 (voir cahier 39 des »Beiträge zur Statistik der inneren Verwaltung Badens«) n'offrent pas un développement plus grand que les tableaux statistiques de l'empire. C'est la cause pour laquelle nous devons aussi nous occuper du dépouillement de 1871 (v. cah. 35, comprenant 264 pages et cahier 36 de 100 pages). C'est surtout la la statistique des bâtiments, des habitations, des ménages et de l'état civil qui s'y trouve traitée d'une manière extrêmement détaillée. Les points de vue qui ont présidé à ce dépouillement sont les suivants:

Tableau I. *Bâtiments et ménages.*

Nombre des bâtiments d'habitation: a) habités, b) inhabités: α) habitables, mais vides (faute de locataires, — ou autre cause), β**) reconstruction, — en construction, — caducs). Instituts. — Autres bâtiments. — Autres lieux de demeure: baraques fixes, échoppes, — tentes mobiles, — voitures, — bateaux.

Nombre des ménages.

Bâtiments habités contenant 1, 2, 3, 4, 5, 6, 7, 8, 9, 10 et plus de 10 ménages. Autres lieux de demeure avec 1—10 et plus de 10 ménages.

Total des personnes présentes.

Tableau II. *Ménages.*

Ménages ordinaires, — sans individus présents, — avec 1 individu (masc. — fém.) avec 2 individus, etc. jusqu'à 14, 15—19, 19—24 et plus de 24.

---

*) Cette année contient aussi dans le volume IV. les résultats du recensement de 1871, à savoir: I) par profession, II) par manière de cohabitation, III) par âge, état civil et sexe, IV) par lieu de naissance.

**) Il faut probablement comprendre: β) Bâtiments non habitables.

Nombre des individus (sans hôtes).

Dans le nombre des ménages il y a tant d'hôtels avec hôtes.

Ménages d'instituts. (Nombre — individus).

Ménages dans des lieux non destinés à l'habitation. (Nombre, — individus).

Total de tous les ménages, — de tous les individus.

Tableau III. *Sexe, religion, indigénat* (Staatsangehörigkeit), *militaires et infirmités.*

Population présente : masculine, — féminine, — total, — dont militaires.

Confession : évangélique, — catholique, — autres chrétiennes, — israélite, — autres.

Indigénat : spécifié d'après tous les pays relevés.

Le tout avec distinction du sexe.

Infirmités : cécité, — sourd-mutisme (sans distinction de sexe).

Tableau IV. *Lieu de naissance.*

Nés dans la commune, — autres communes du département, — autres départements, — autres pays (distinction du sexe).

Tableau V. *Rapport au chef de la famille.*

A) *Ménages ordinaires :* individus ordinairement présents : Chef, — Femmes, enfants, petits-enfants. — Autres membres de la famille (parenté), — en pension, — pour le service, — commis (employés), — en chambre garnie ; — en gîte (Schlafstelle), — total des présents permanents. — Individus temporairement présents (pour travail, — en visite, — hôtes dans les hôtels, — comme gardes-malades, — autres). — Total des individus temporairement présents.

B) *Dans les institutions.* Ordinairement présents ; personnel d'administration et non pensionnaires (Nichtinsassen) ; — pensionnaires (Insassen, inmates). — Temporairement présents : non pensionnaires, — pensionaires.

C) *Dans les ménages non destinés à l'habitation* (nicht wohnhafte Haushaltung) : chef, — autres membres de la famille.

Le tout avec distinction du sexe.

Tableau VII, VIII. *État civil et âge.* État civil relevé en périodes annuelles d'âge et pour chaque sexe.

Tableau XVI. *Ménages d'instituts.* But des instituts : Salles à coucher des fabriques pensionnaires d'hospices, — maisons de retraite et de pauvres, — hôpitaux et maisons d'accouchement, —

asiles d'aliénés, — orphelinats et maisons de refuge, — établissements d'instruction, — établissements de prison et de punition, — établissements militaires, autres établissements.

Pour chaque catégorie : nombre des instituts, nombre des individus (masc. fém. total).

TABLEAU XVII. *Habitants des ménages d'établissements.* Nombre des établissements et des individus présents: *a*) pensionnaires propres à l'établissement: (ouvriers de fabrique) — pensionnaires d'hospice, — malades et accouchées, — aliénés, — enfants de pauvres et orphelins, — élèves, — prisonniers, — militaires casernés, — autres pensionaires, total.

b) Personnel d'administration et non pensionnaires (administrateurs), —femmes, enfants, petits-enfants, — autres membres de famille, — en pension, — pour travail (service), — commis (employés), en visite et autres individus de passage présents, — total.

Le tout avec distinction du sexe.

TABLEAU XVIII. *État civil. A) Confession des époux* Maris évangéliques avec femme évangélique, — catholique, — autre conf. chrétienne, — israélite). De même pour les maris catholiques, — autres chrétiens, — israélites et autres confessions.

B) Mariages mixtes. Nombre des mariages non mixtes et mixtes. Confession des enfants des mariages mixtes :
Mari évangélique, femme catholique : enfants luth. cath. mixtes
    » catholique   » évangélique : »   »   »   »
Autres cas : les enfants sont de la confession du père — de la mère — ou mixtes.

C) Cohabitation des époux.

Nombre des personnes mariées où le mari et la femme étaient présents, — ou seulement l'un d'entre eux était présent hommes, femmes.

Spécification de la dernière catégorie : provisoirement séparés : en propre ménage (maris, femmes); dans un autre ménage; tout cela par sexe.

Séparés permanents (hommes, femmes).

Angleterre. *

Le dépouillement comprend quatre gros volumes dont deux se rapportant au relevé des communes, ne contiennent que des données sur le chiffre de la population, des maisons d'habitation et de la superficie. Le résultat du recensement proprement dit se trouve dans le III volume, tandis que le IV volume renferme le Rapport général, ainsi que le sommaire général pour toút le royaume uni (y compris les colonies). Le nombre des tableaux contenus dans ce volume et se rapportant à l'Angleterre et au pays de Galles s'élève à 167, tandis que le troisième volume contient 40. séries de tableaux. *)

Dans les 4 volumes l'élaboration est effectuée sous les points de vue suivants:

Superficie et population. La superficie indiquée en »Statute acres«.

Maisons: habitées, — inhabitées, — en construction. (Pour la distinction entre villes et campagne voir le tableau 34).

Institutions (Tabl. 16). Maisons de travail (Workhouses), y compris les écoles pour les pauvres, — hôpitaux et asiles d'aliénés, — prisons, — maisons de refuge (nommées Reformatory and industrial schools), — casernes, — bateaux, — autres institutions. Pour chacune desdites catégories on indique:

a) le nombre des institutions;

b) le nombre de tous les habitants avec distinction du sexe, y compris le personnel d'administration, avec distinction du sexe;

c) le nombre des pensionnaires (inmates).

Bateaux (Tableau 17). Nombre et population de la marine royale, — des navires marchands.

Autres habitations. Population masculine et féminine sur bateaux, — granges, — tentes ou en plein air.

Ménages. Leur nombre (Tabl. 20.)

Répartition de la population d'après les groupes de densité. (Tabl. 33.): Nombre des villes et chiffre de la population dans les villes au-dessous de 1000 habitants, 1000—2000—5000—10,000, 20—50—100—200—300—400 mille habitants et dans les deux plus grandes villes.

Âge. Jusqu'à la cinquième année en périodes annuelles; puis, par périodes quinquennales jusqu'à 100 ans en distinguant le sexe. Distinction des militaires (y compris les équipages (Tabl. 43). On trouve outre cela un renseignement spécial

---

*) Dans ce qui suit je citerai les tableaux du III volume sous chiffres romains et ceux du IV volume sous chiffres arabes.

(Tabl. 42) pour 81 grandes villes d'après les mêmes rubriques que dans le Tableau IV.

État civil. La statistique anglaise ne présente, en conséquence de l'omission des divorcés, que trois rubriques au lieu des quatre usuelles. L'état civil se trouve combiné avec les classes d'âge quinquennales de 15—80 ans dans le Tabl. V et 76. Il faut en outre mentionner deux tableaux s'occupant de:

L'âge relatif des époux. Le Tabl. X donne dans la première colonne l'âge des maris et dans les en-têtes celui des femmes d'après les gradations suivantes: par année d'âge de 15—21, puis de 21 à 25 et de 25 en périodes quinquennales jusqu'à 100 ans. À la fin des colonnes de tête on trouve en outre une rubrique pour les femmes (resp. maris) qui ont été recensées avec leurs maris (resp. femmes).

En outre le Tabl. 71 donne des renseignements sur le nombre des maris et des femmes qui étaient plus âgés de 10, 20, 30, 40, 50, 60 et 70 années que leur conjoint.

Lieu de naissance. Le Tableau XX contient les districts de naissance des personnes nées en Angleterre, avec distinction des individus plus et moins âgés de 20 ans. La même indication d'âge se trouve pour tous les individus nés à l'étranger, mais seulement sommairement et en distinguant s'ils sont sujets anglais ou non. Tout cela selon le sexe. Le Tableau XXIII renferme ensuite la spécification des individus nés à l'étranger d'après les États et le sexe. L'âge des personnes nées à l'étranger est indiqué dans le Tabl. XXIV d'après des groupes d'âge quinquennaux de 0 à 75 ans. (Les deux tableaux suivants s'occupent de la profession des individus nés à l'étranger.)

Infirmités. On expose dans le Tableau XXVIII le nombre des aveugles (avec distinction des aveugles nés), des sourds-muets, ensuite des idiots et des aliénés (avec distinction de ceux qui se trouvent dans des instituts), et on relève en même temps les pensionnaires des instituts suivants: hôpitaux, — »Workhouses«, — orphelinats, — prisons. L'âge des aveugles (Tabl. XXXIX des aveugles (XXX), des sourds-muets, de naissance (y compris les sourds!) (XXXI), des idiots (dans des instituts et — dehors XXXII), des aliénés (de la même manière XXXIII), des malades dans les hôpitaux (XXXV), des pauvres dans les »Workhouses« et écoles de pauvres (XXXV) et enfin des prisonniers (XXXVI), est indiqué en périodes d'âge quinquennales.

———

Irlande.

Le résultat du recensement du 2 avril 1871 a paru en 1876 et comprend sept volumes en trois parties, renfermant plus de 4200 pages (du plus grand in-quarto).

La première partie se compose de 4 volumes, et contient les résultats du recensement, dépouillés séparément pour chaque comté (county).

La seconde partie (»Vital Statistics«) se compose de deux volumes, dont l'un traite des maladies et infirmités, l'autre de la statistique des décès survenus depuis le dernier recensement (7 avril 1861). Vu que cette partie de l'ouvrage ne rentre pas dans l'ensemble du recensement, nous ne pourrons nous en occuper dans l'analyse suivante.

La troisième partie contient le rapport général et les tableaux relatifs au royaume entier.

Voici en première ligne une analyse du système de la première section, dont il faut encore relever que les faits consignés se rapportent quelquefois aux sous-districts de registration, quelquefois aux districts des superintendents de registration, quelquefois à d'autres circonscriptions (poor law unions, etc.) ou au comté entier.

Superficie en statute acres ; *a*) terre — eaux — total. *b*) Terres de labour, — pâturages, — plantages, — incultes.

Maisons : *a*) Maisons d'habitation : habitées — non habitées — en construction, *b*) autres maisons (»autoffices and farm-steadings«).

Les maisons sont outre cela distinguées en quatre catégories, en indiquant pour chacune le nombre des maisons avec 1. 2. 3. 4. etc. familles (par districts urbains et ruraux) et le nombre des familles. La 4-me catégorie comprend outre cela le renseignement du nombre des familles par matériaux de construction.

Population totale: par sexe.

Impôts: sur les terres et les maisons.

Population des institutions: en distinguant les employés des pensionnaires proprement dits (inmates). Par sexe.

Infirmités: aveugles (de naissance, — par accident), sourds-muets (de même), idiots (en asiles, — hors des asiles), aliénés (de même), malades (de même). Sans distinction de sexe.

Pauvres : dans les Workhouses, — en assistance, — vaguant.

Prisonniers : accusés, — condamnés.

Le tableau N. 30 donne les renseignements mentionnés dans les trois derniers paragraphes en combinaison avec l'âge (périodes quinquennales).

Bateaux : Lieu. — Emploi (gouvernement, — corporation, — commerce extérieur, — commerce intérieur, — pêche, — navigation, — plaisir). — Personnes à bord des bateaux : brit.—étrangers — indigénat (brit.—étrangers).

Age : 0—1, 1—5, puis en périodes quinquennales jusqu'à 100 ans, — au-dessus, — inconnu. Le tout par sexe (élaboré pour chaque dispensary district et pour les villes principales).

Age enfantin : 0—1—2, 3—4—5, pour chaque superintendent district.

État civil : mariés, — non mariés, — veufs ; par périodes d'âges quinquennales, en distinguant les sexes. Pour chaque county on trouve des données concernant l'âge relatif des époux (Voir Angleterre).

Lieu de naissance : Les habitants de chaque superintendent district sont relevés selon le »county« de naissance pour les Irlandais ; outre cela, une colonne pour l'Angleterre, — l'Écosse, — l'étranger et la mer.

L'âge des étrangers (de naissance) est indiqué selon les périodes suivantes : 0—10—20—40—60—80 ans, — au-dessus. — Distinction du sexe.

Confession : on indique toutes les confessions relevées par sexe. Nombre des enfants (0—5 ans) pour les confessions principales (v. degré d'instruction).

Degré d'instruction : sachant écrire et lire — ne sachant que lire, — illettrés. En combinaison avec :

la confession : cathol. — protest. presb.—méthodistes— autres ; l'âge est indiqué comme suit : 0—7—12—20—40—ans, — au, dessus de 40 ans.

Le tout par sexe, et en relevant les villes principales.

Langue parlée : Nombre des individus qui ne parlent que l'irlandais, — qui parlent l'irlandais et l'anglais ; en combinaison avec l'âge (périodes décennales) et par sexe.

Cette partie contient en outre la statistique des professions.

Le premier volume de la seconde partie s'occupe d'une manière très détaillée des *sourds-muets* et des *muets*, des *aveugles*, des *aliénés* et *idiots*, des *perclus* et des *estropiés*, des *malades dans leur maison, dans les »Workhouses«, dans les hôpitaux*, des habitants des *maisons de retraite*, des *prisons*, et des »*reformatory schools*«.

Voici l'analyse de ce volume (en éliminant le tableau des professions.)

Sourds-muets et Muets.

Sourds-muets : de naissance, — par accident, — par cause inconnue. (Avec distinction des districts urbains et ruraux.) Sourds-muets qui sont en même temps paralytiques ou idiots : de naissance ou par accident.

Muets.

En même temps paralytiques

» » » idiots

» » » paralytiques et idiots

} par sexe.

Age des sourds-muets et muets en périodes quinquennales

Confession des sourds-muets et muets : cath. — prot. — épisc. — presbyt. — méthodistes, — autres.

} par sexe

Hérédité du sourd-mutisme : Nombre des familles où il y en avait : un cas (un homme ou une femme), — deux cas (2 h., 2 f., ou 1 h. et 1 f.) 3—4—5—6—7 cas de sourd-mutisme (en indiquant toujours la combinaison des sexes). On indique outre cela (pour 253 cas) le mutisme des parents.

Influence de la fréquence des naissances. La première colonne contient le numéro d'ordre de naissance (premier, second enfant, etc. jusqu'au 17-e enfant.) Les autres en-têtes précisent le nombre des enfants nés (y compris les décédés) de chaque famille. (La famille la plus nombreuse est une de 22 enfants). Distinction du sexe.

Influence de la parenté des époux. On distingue les cas où les époux sont cousins du 1—2—3—4 et —5 ou 6-e degré et on indique pour chaque degré le nombre des cas où il y avait 1—2—3—4—5—6 ou 7 muets de naissance dans la famille (en tenant aussi compte des combinaisons des infirmités). Outre cela, on indique de même les mutismes acquis dans les cas où il y avait plusieurs muets dans la famille.

Influence des maladies. Première rubrique: Causes (maladies, — contusions, — frayeurs, — opérations, etc.) Autres en-têtes: âge dans lequel on est devenu sourd-muet (—2—3—4.. 10 ans, puis en périodes quinquennales.) — Total des cas de sourd-mutisme. — Total des cas de mutisme. (Par sexe.)

Instruction des sourds-muets et des muets. On indique le nombre des individus illettrés par périodes annuelles de 5 à 14 ans et au-dessus de cet âge par périodes quinquennales. Par sexe.

Aveugles.

Nombre par sexe, avec distinction des districts urbains, ruraux et les workhouses.

Confession: Cathol. — protest. — épiscop. — presbyt. — méthodistes, — indépendants, — baptistes.

Age et état civil: nombre des mariés, — des non mariés; par groupes quinquennaux et par sexe.

Maladies qui ont causé la cécité: par sexe et en indiquant pour chaque cause la couleur des yeux (gris, bleu, brun (hazel) noir (brown).

Maladies et autres accidents: Indication de l'âge auquel il sont survenus; par groupes quinquennaux et avec distinction du sexe.

Année de la perte de la vue: à la maison, — hors de la maison, — dans les institutions (surtout Workhouses); en distinguant les militaires des civils.

Instruction. On indique pour les hommes et pour les femmes à l'âge de 0—20,—30,—40 ans et au-dessus de 40 ans, combien il y en avait qui avaient reçu antérieurement de l'instruction et qui avaient ou non continué leurs études après, comme aussi ceux qui n'avaient commencé d'étudier qu'après la perte de la vue.

Hérédité: On indique la cécité des parents selon le tableau suivant: la 1-e colonne contient le nombre des enfants aveugles par famille; les autres indiquent dans combien de cas le bisaïeul, l'aïeul, l'aïeule, le grand-oncle, la grand'tante, le père, la mère, les deux parents, l'oncle, la tante, le cousin étaient aveugles.

Aliénés et Idiots.

Nombre des hommes et des femmes en famille, — dans les asiles, — dans les workhouses, — en prison.

Confession: v. aveugles;

Causes: Première colonne: Mania, mania acuta, mania suicidi, mania puerperalis. Melancholia Dementia, dementia cum epilepsia. Idiota, idiota cum epilepsia, epilepsia. Pour chacune desdites catégories on indique les causes suivantes: *a*) *causes mentales*: affliction, perte de fortune, amour et jalousie, frayeur, exaltation religieuse, exaltation politique, exaltation (sans spécification), étude, passion, mauvais traitement, peur, orgueil et ambition, autres causes mentales; *b*) *causes physiques*: déformation du crâne, intempérance, épilepsie, fièvre, maladie des nerfs, coup de soleil, contusion à la tête, naissance, climat, syphilis ou mercure, menstruation, excès vénériens, dyspepsie, etc., rapt et séduction (des femmes), hystérie, maladies de coeur, consommation immodérée de tabac; *c*) *Hérédité d*) *Sans spécification.* — Tout cela par sexe.

Age et état civil: Première colonne v. »Causes«; autres en-têtes v. »Aveugles«.

Instruction: Nombre des lettrés et des illettrés pour chaque espèce d'infirmité (v. Causes).

Age au commencement de l'infirmité: Première colonne voir »Causes«, mais avec subdivisions pour la durée de l'infirmité (—1—2—3—4—5—10—15—20—30 ans et au-dessus). Autres colonnes; âge par périodes quinquennales; — causes mentales, — causes physiques, — hérédité, — sans spécification. Tout cela par sexe.

Estropiés et perclus.

Nombre total par sexe, dans les »workhouses«, — dans les hôpitaux et asiles, — dans les prisons, — à la maison. — Par sexe.

Age. Périodes quinquennales (par sexe).

Confession: v. les autres infirmités,

Instruction: lettrés, — illettrés
État civil: mariés, — non mariés } par périodes quinquennales, en distinguant le sexe.

Malades à la maison.

Nombre total: par sexe, en distinguant:
L'âge: au-dessus et au-dessous de 5 ans } par sexe.
Si capable de suivre sa profession: oui-non

Indication des maladies: à la maison (villes ou — campagne), — dans les institutions; — outre cela, en combinaison avec l'âge (périodes quinquennales, pour les 5 premières années périodes annuelles). Par sexe.

La partie tabellaire de la troisième section (récapitulation pour tout le royaume) correspond en général à celle de la première.

Voici l'énumération des différences.

Age: par périodes annuelles, et pour la première année par mois. Avec distinction du sexe.

Degré d'instruction: en combinaison avec l'âge (périodes quinquennales). Par sexe.

Écosse.*

Les résultats du dénombrement du 3 avril 1871 sont publiés sous le titre d' »Eight decennial Census of the Population of Scotland« en deux volumes (355 et 792 pages). En voici le contenu.

Superficie: en lieues carrées et en acres.

Maisons: habitées, — non habitées, — en construction.

Familles: nombre des personnes composant les familles occupant un logement de 1,—2,—3 . . . . 15,—20,—25,—30, et plus de 30 fenêtres et nombre des membres pour chaque catégorie.

Population de fait: par sexe.

Caractère du séjour: nombre des personnes momentanément présentes, — momentanément absentes; (par sexe).

Instruction: Nombre des enfants âgés de 5—13 ans qui reçoivent de l'instruction; sans distinction de sexe.

Chambres: Nombre des familles occupant des chambres de 0,—1.—2.—3. . . . . 10—15—20—25—30— et plus de 30 fenêtres et nombre des chambres selon les mêmes rubriques.

Á l'exception des données des familles et des chambres (mais y compris le nombre des chambres), le tout est indiqué par comtés, paroisses et districts urbains ou ruraux.

Les données relatives à l'habitation des familles (V. »familles« et »chambres«) sont élaborées pour chaque comté.

Institutions: On indique le nombre des pensionnaires et des employés, avec distinction de sexe pour les institutions, suivantes : Hôpitaux, — Maisons d'aliénés, — Prisons, — Casernes, — Maisons de retraite, — Maisons de santé, — Asiles pour aveugles, — pour sourds-muets, — pour enfants abandonnés (reformatories).

Voici maintenant le contenu du II volume :

Age : par sexe.

État civil : Nombre des non mariés, — mariés, — veufs, par groupes d'âges suivants : périodes annuelles de 14 à 21 ans, 21—25, puis par périodes quinquennales ; au-dessus de 100 ans périodes annuelles. Distinction du sexe.

Age relatif des époux : on trouve les mêmes renseignements qu'en Angleterre pour chaque comté, et pour la totalité des trois groupes de villes établies (voir plus bas : »Villes et campagne«).

Lieu de naissance : Pour chaque »county« de résidence la »county« ou le pays de naissance avec séparation des sexes et en distinguant, pour les habitants qui sont nés en Écosse, les personnes au-dessous et au-dessus de vingt ans.

Instruction : Nombre des écoliers et des enfants qui reçoivent de l'instruction, en périodes annuelles de 1 à 14 ans.*)

Villes et campagne : On indiqúe l'âge (par sexe) : *a*) pour les 8 plus grandes villes, *b*) pour 17 villes importantes, *c*) pour 134 petites villes, d'après les groupes suivants : 0—1, — 2, — 3, — 4, — 5, — puis par périodes quinquennales. — Pour les villes *a*) et *b*) l'état civil est indiqué comme ci haut.

Infirmités : On distingue les aveugles, les sourds-muets, les idiots et les aliénés par sexe.

Pays-bas.

Le dépouillement du dénombrement du 1 décembre 1869 (Uitkomsten der vyfde tienjarige Volkstelling op den eersten December 1869) forme trois volumes in-folio, d'environ 900 pages, dont la plupart sous forme de tableaux. Ce grand développement est causé par la circonstance que presque toutes les données se rapportent aux communes. Dans aucun des États de l'Europe la statistique communale n'a pris une telle extension.

Nous décrirons d'abord dans ce qui suit les tableaux qui sont élaborés pour chaque commune du pays, en faisant remarquer que ces tableaux relèvent toutes les données séparément

---

*) On a recensé des enfants instruits même pour les plus inférieures des années d'âge mentionnées.

pour la population agglomérée et séparément pour la population dispersée.

Superficie: en hectares.

Maisons: habitées, — inhabitées, — en construction, — bateaux.

Familles: leur nombre dans les maisons, — sur les bateaux.

Population: population de fait, — population présente habitant la commune, — temporairement présente, — temporairement absente. — Le tout avec distinction du sexe.

Rapport au chef de la famille: Parenté, — non parenté, — vivant séparément, — personnes n'appartenant pas à la famille, vivant dans des institutions, logements, navires, etc. (le tout selon le sexe).

Lieu d'habitation et de demeure. Présents qui demeurent: dans une autre commune du royaume, — aux colonies, — à l'étranger. — Les absents de la même manière avec une rubrique pour les séjours inconnus.

État civil: célibataire, — marié, — veuf, — divorcé et — séparé de corps et de bien (d'après le sexe).

Lieu de naissance: dans la commune, — autre commune de la province, — autre province du royaume, — colonies, — Allemagne, — Belgique, — Grande-Bretagne, — autres pays, — inconnu; — (d'après le sexe).

Confession: Spécification de tous les cultes relevés, par sexe. (Les réformés sont distingués en réformés néerlandais, — wallons, et — presbytériens; les israélites: en néerlandais et — portugais).

Age et état civil. La première rubrique contient les données d'âge pour la première année d'âge en mois, pour la seconde année d'âge en trimestres, pour tous les autres âges par périodes annuelles jusqu'à l'âge le plus élevé relevé. Pour chacun de ees groupes d'âge est indiqué l'état civil (d'après les *cinq* catégories mentionnées) avec distinction du sexe. Même dépouillement pour 20 villes.

Tel est l'abrégé des deux premiers volumes de l'ouvrage du recensement. Du troisième volume nous ferons ressortir l'élaboration des:

Infirmités: On n'a relevé que la cécité et le sourd-mutisme avec distinction de l'innéité.

Les tableaux de dépouillement relatifs contiennent ce résultat avec distinction du sexe. De plus, l'état civil d'après des années d'âge, le lieu de naissance (v. plus haut) et le séjour dans les institutions.

Quant au reste du contenu du troisième volume, nous devons renoncer à une analyse détaillée, non-seulement parce que les en-têtes français apposés nous abandonnent souvent dans ce volume, mais parce que le contenu et l'élaboration rentrent plutôt dans le cadre de la statistique spéciale des établissements pénitenciers et militaires que dans celui d'un recensement général. Il suffira donc, pour s'orienter en général, de mentionner que le 3ème volume s'occupe encore des totalités sociales suivantes:

Le militaire et la marine de guerre en dépouillant en particulier : les casernes, les vaisseaux, la police. La population des prisons. La population des dépôts de mendicité. Les pensionnaires des instituts théologiques, et cela séparément pour les : séminaires catholiques, — autres instituts catholiques, — séminaires jansénistes, — séminaires des frères moraves. La population des pensionnats (énumérations nominales). La population des établissements de bienfaisance, en traitant séparément: les orphelinats, — les maisons de refuge, — les pauvres, — les hospices d'incurables. — La population des asiles d'aliénés. — Celle des hôpitaux (en traitant séparément les grands instituts). — Pour chacune de ces totalités, on relève ensuite le sexe, l'âge, l'état civil ; pour la plupart aussi la confession et le lieu de naissance.

Belgique.*

Les résultats du recensement du 31 décembre 1866, — ceux de 1876 ne sont pas encore publiés, — ont paru en 1870, et forment un volume in-folio (738 pages), qui est élaboré selon le système suivant :

A) Pour chaque commune.

Maisons : habitées, — inhabitées.

Mariages : nombre.

Population totale : par sexe.

   a) de fait : résidant habituellement dans la commune, — dans une autre commune, — à l'étranger.

b) de droit ; se trouvant dans la commune, — dans une autre commune, — à l'étranger.

Lieu natal (par sexe): Belgique (dans la commune, — hors de la commune), à l'étranger (Pays-bas, — Limbourg néerlandais, — Allemagne, — Luxembourg néerlandais, — France, — Angleterre, — Autres pays).

Langues parlées de la population de droit. On distingue, en relevant le sexe, ceux qui parlent le français, — le flamand, — l'allemand, ou les combinaisons desdites langues, comme aussi ceux qui ne parlent aucune des trois langues et les sourds-muets.

Connaissance de l'écriture de la population de droit (v. aussi *B*). On indique le nombre des illettrés et celui de ceux qui savent lire et écrire, par sexe.

État civil : non-marié, — marié, — veuf; par sexe (voir *B*).

Age : né en 1811 ou avant, — de 1812—1851, — en 1852 — ou après; par sexe (voir *B*).

Associations religieuses, avec indication de la maison mère et de la population (regnicole, — étrangère).

B) Pour les arrondissements.

Langues parlées (v. plus haut) en combinaison avec la distinction des communes de moins de et de plus de 5000 habitants; (par sexe.)

Connaissance de l'écriture, (v. plus haut) en combinaison avec les groupes d'âge suivants: nés en 1831 ou avant, — nés de 1832—44, — en 1845, — en 1846—1851, — 1852, — 1853 ou après, — avec distinction du sexe.

État civil. Age. Les renseignements indiqués sous *A* sont distingués selon les communes au-dessus et au-dessous de 5000 habitants, et cela par sexe. Outre cela, on indique par province et pour chacune des communes au-dessus de 10,000 habitants l'âge par périodes annuelles (de naissance) et pour chaque année l'état civil en distinguant le sexe.

France.

Les résultats du dernier dénombrement (1876) ont paru en 1878 sous le titre de »Résultats généraux du Dénombrement de 1876« et remplissent un volume in-octavo (de 344 pages). Mais on ne releva pas à cette occasion la confession ni la connaissance de écriture ; nous remonterons donc aussi au dénombrement plus détaillé de 1866, en marquant d'une [....] les points qui ne furent pas relevés en 1876. Les résultats du dénombrement de 1866 sont contenus dans le 17-ème volume de la »Statistique de la France« (II série) et remplissent 290 pages in-quarto.

Maisons. Nombre. [entièrement habitées, — non habitées (en totalité, — en partie) — en construction].

[*Toits* : chaume ou lattes-tuiles, — ardoise, — zinc, etc].

[*Étages* : rez-de-chaussée, — 1., 2., 3., 4., et plus d'étages].

Ménages : Nombre.

Ville et campagne : Nombre de la population du chef-lieu d'arrondissement, — des autres villes (agglomération — éparse, — militaire, etc).

Indigénat et lieu de naissance : Français (nés dans le département, — autre dép. de France). — Naturalisés. — Étrangers (selon les états de l'indigénat) ; le tout séparé d'après le sexe.

[*Confessions* : calvinistes, — luthériens, — autres protestants, — israélites, — autres cultes, — inconnu ; — par sexe].

État civil et âge : trois rubriques avec distinction du sexe [combiné avec l'âge selon les groupes suivants : 0—5—10—15—18, total des enfants, 18—20—25 ans, et ainsi de suite jusqu'à 100 ans ; puis, au-dessus de 100 ans et inconnu ; avec distinction du sexe].

En 1876 on releva la combinaison avec l'âge pour toute la France (par département), selon les groupes suivants (v. âge) et avec distinction du sexe :

Âge : d'après les années d'âge de 0 à 24 ans ; puis, par groupes quinquennaux jusqu'à 100 ans ; au-dessus de 100 ans et — âge inconnu ; avec distinction du sexe et de l'état civil.

Infirmités : Aliénés, — idiots et crétins, — goîtreux, — aveugles (depuis la naissance, — qui le sont devenus plus tard), — sourds-muets (depuis la naissance, — devenus plus tard). — Le tout selon le sexe et, pour les idiots et les aliénés avec la distinction s'ils se trouvaient à domicile ou dans des asiles.

[*Connaisance de la lecture et de l'écriture* : Nombre des personnes sachant lire et écrire, — seulement lire, — des illettrés, — cas non relevés].

En outre, cette publication contient un renseignement touchant le nombre des communes avec 1—2—3—4—500—1000—1500

2000—2500—3000—3500— 4000—4500—5000— 10,000—15—20 30—40—50—100 mille habitants et au-dessus de 100,000 habitants.

Espagne.

Les »Resultados Generales del Censo de la Poblacion de Espanna« contiennent, comme résultat du dénombrement du 31 déc. 1877, les données suivantes indiquées pour chaque commune:

Chiffre de la population ordinairement et temporairement présente, — celui de l'absente avec distinction des Espagnols et des étrangers et avec distinction du sexe. Le volume mentionné (de 601 pages grand in-octavo) n'étant pas désigné comme le premier, il y a lieu de supposer que le résultat du recensement est épuisé par ce que nous venons de mentionner.

Italie.

Les résultats du dénombrement du 31 déc. 1871 embrassent 4 parties en 3 volumes (d'une extension de 1600 pages grand in-octavo). Le premier volume contient le chiffre de la population avec distinction du lieu de séjour *pour chaque commune.* On a indiqué dans la première partie le nombre des recensés dans le lieu même, (agglomerazione dei centri) et la population éparse dans l'endroit appartenant à la commune (popolazione sparsa); tandis que la seconde partie renferme la population de chaque commune d'après les rubriques suivantes:

avec séjour permanent: a) centri, b) sparsa;

» » temporaire: a) de passage, b) pour quelque temps, c) total: d) centri, e) sparsa $(a+b=d+e=c)$

Absents: a) six mois ou moins, b) au-dessus de six mois c) total: (dont: des communes mêmes, — des environs).

Dans les autres volumes les résultats ne sont présentés que pour les provinces et le chef-lieu, et cela d'après le schéme suivant:

Age: la première année par mois, puis par périodes annuelles. Pour chaque année d'âge et séparément pour chaque sexe on indique:

l'état civil (3 catégories) et le:

degré d'instruction. A cet égard on n'admit que les deux classes suivantes:

1. sait lire
2. ne sait pas lire.

Voici enfin le contenu du 3-ème volume qui contient en outre la statistique des professions.

Lieu de naissance : dans la commune, — autre commune du royaume (distinction du sexe) eu égard aux totalités suivantes :

a) la population stable,

b) la pop. temporairement présente : α) passants β) présents pour quelque temps.

Confession : Nombre des catholiques, — luthériens, — israélites, — autres religions (sans distinction de sexe).

Infirmités. Aveugles : de naissance et devenus plus tard
        sourds-muets   } d'après
        idiots et aliénés   le sexe.

Suisse.

Les résultats du recensement du 1 décembre 1870 remplissent trois volumes importants de la »Statistique de la Suisse«. Le premier volume remonte jusqu'aux communes et est élaboré aux points de vue suivants :

Nombre des maisons habitées, — des chambres habitables dans ces maisons, — et des ménages.

Population domiciliée (c'est-à-dire les présents, de plus ceux qui sont momentanément absents moins ceux qui sont en passage).

Population de fait — par sexe.

État civil : non mariés, — mariés (a) vivant ensemble, b) ne vivant pas ensemble), — veufs, — divorcés ou séparés.

Indigénat : bourgeois de la commune, — autre commune du canton — citoyens suisses d'autres cantons, — sans patrie.

Caractère du séjour : demeurant au lieu du dénombrement, — de passage, — temporairement absent.

Confessions : catholiques, — protestants, — autres chrétiens, — israélites et autres non-chrétiens.

La *langue parlée* n'est indiquée que par ménages et cela sur la base de la langue dominante, à savoir : allemande, — française, — italienne, — romanche, — autre langues.

Infirmités. Nombre des aveugles, — des sourds-muets,— des aliénés.

Autriche.

Les résultats du dernier recensement sont contenus dans un ouvrage embrassant six parties (plus de 1300 pages grand in-quarto) »Bevölkerung und Viehstand der im Reichsrathe vertretenen Königreiche und Länder, dann der Militärgrenze« (le rapport général se trouve dans le 5-ème volume).

Toutes les données sont indiquées séparément pour chaque district (Kreis). Le 3-ième volume contient en outre la liste des lieux de 2000 et plus d'habitants, ainsi que des renseignements sur les conditions d'habitation dans les villes de Vienne, de Graz, de Trieste, de Prague et de Brünn.

L'élaboration s'est faite d'après le schême suivant:

Lieu d'habitation: Nombre des villes, — bourgs, — villages.

Maisons: habitées, — inhabitées.

Ménages: nombre.

Sexe: de la population présente.

État civil: les quatre rubriques d'après le sexe.

Confession: d'après les rubriques suivantes: catholiques, — romains, — catholiques-grecs, — catholiques-arméniens, — grecs-orthodoxes, — arméniens orthodoxes, — luthériens, — calvinistes, — unitaires, — autres chrétiens, — israélites, — autres cultes; (sans distinction de sexe).

Indigénat: a) indigènes, b) étrangers (appartenant à une autre commune de la province, — à un autre province la monarchie, — de l'étranger) d'après le sexe.

Durée du séjour: Présents temporairement, — ordinairement; d'après le sexe.

Absents temporairement, — ordinairement; d'après le sexe.

Séjour des indigènes absents en spécifiant les pays de la monarchie et l'étranger.

Lieu de naissance des étrangers présents (de la même manière). Ces deux points sans distinction de sexe.

Âge (comprenant tout le III volume): d'après les années d'âge jusqu'à 101 an; les sexes séparés.

Infirmités. Chiffre des aveugles et des sourds-muets sans distinction de sexe (v. pages 147—156 du rapport de M. Schimmer.)

Hongrie.

Le premier recensement exécuté par le gouvernement hongrois a eu lieu le 1 janvier 1870. Les résultats en ont été réunis dans l'ouvrage »A magyar korona országaiban az 1870. év elején végrehajtott népszámlálás eredményei« (un volume in-folio de 594 pages).

Les résultats s'étendent jusqu'aux districts (járás). Le contenu du livre est le suivant:

La superficie: en lieues carrées.

Lieu d'habitation: Nombre des villes libres royales, — des autres villes, — bourgs, — villages, — landes (puszta).

Nombre des maisons.

Nombre des ménages.

Population de droit du lieu; sans distinction de sexe.

État civil: quatre rubriques selon le sexe.

Confession: catholiques rom. — catholiques grecs, — arméniens catholiques, — grecs orthodoxes, — arméniens-orthodoxes, luthériens, — calvinistes, — unitaires, — nazaréens, — catholiques allemands, — autres chrétiens, — israélites, — autres cultes (sans distinction de sexe.)

Durée du séjour: sédentaire, — temporaire; (d'après le sexe).

Indigénat: né dans la commune, — autre commune du pays, — en Autriche, — à l'étranger; (selon le sexe).

Absents: absents dans le pays: civil, — militaire [ligne — armée territoriale (honvéd).] Absents hors du pays: temporairement (Autriche, — étranger), — ordinairement (Autriche — étranger); avec distinction du sexe.

Spécification des pays de séjour avec distinction du sexe.

Indigénat des étrangers en spécifiant le pays et le sexe.

Degré d'instruction. Nombre des individus sachant lire et écrire, — de ceux qui ne savent que lire, des illettrés (selon le sexe).

Age: d'après les années d'âge jusqu'à 100 ans par sexe. Seulement pour les municipalités (comitats et les villes immédiates).

Infirmités (d'après les municipialités): aveugles, — sourds-muets, — aliénés, — idiots; avec distinction du sexe.

Nombre des *maisons*: Édifices publics: pour buts ecclésiastiques, — scolaires, — le comitat, — communaux, — militaires, — d'état, — autres.

Édifices particuliers.

Hauteur des maisons: rez-de-chaussée — un — deux — trois — et plus de trois étages. ·

Habitations: dans la cave, — au rez-de-chaussée, 1·—2—3—4 et plus d'étages.

Nombre de pièces: Chambres, — cabinets, — antichambres, — cuisines, — caves, — boutiques, — échoppes, — magasins, — étables, — autres lieux.

Rapport au chef de la famille: Membre de la famille, — fonctionnaire ou fermier, — sous-locataire, — domestique.

Serbie.

Le dernier recensement a eu lieu en Décembre 1874; les données n'en furent publiées qu'en 1879 dans un volume intitulé: »Statistique de la Serbie. IX. volume.«

Les renseignements suivants sont indiqués par villes, villages et communes:

Maisons: Nombre.

Familles: »

État civil: marié, — veuf, — divorcé, — Par sexe.[1]

Degré d'instruction: Nombre des personnes sachant lire et écrire.

Lieu de naissance: en Autriche, — dans d'autres pays étrangers.

Indigénat: en Autriche, — dans d'autres pays étrangers.

Confession: Nombre des personnes n'appartenant pas au culte grec-orthodoxe. [2]

Impôts: Nombre des personnes imposées.

(Sans distinction de sexe)

Les récapitulations par district contiennent les mêmes données, mais outre cela le nombre des bourgs et villages, — des communes, — l'état civil contient une 4e rubrique pour les non mariés; puis l'état civil par sexe, des confessions suivantes: catholiques, — protestants, — israélites, et mahométans.[3] En outre, on indique par district: le nombre, l'état civil et la confession (grecque orthodoxe, — mahométane) des Tziganes, par sexe.

---

[1] Défalcation faite de ces nombres, on obtient celui des non mariés.

[2] Défalcation faite, on obtient les orthodoxes.

[3] Défalcation faite, on obtient les nombres pour les grecs-orthodoxes.

États-Unis de l'Amérique du Nord.

Les résultats du dernier recensement (1 juin 1870) forment trois gros volumes (2400 pages in 4º). Le premier volume renferme les données relatives à la population totale, à la superficie, aux familles, au pays natal, au culte, au degré d'instruction, aux professions et aux logements; en outre, quelques renseignements qui ne rentrent pas dans le cadre des recensements, comme sur la fréquence des écoles, les gazettes, les librairies, le paupérisme et la criminalité. Le second volume traite des décès (pour les dix dernières années), et, quant aux matériaux du recensement, des âges et des infirmités. Le troisième volume s'occupe de la fortune, des impôts, des dettes publiques, de l'agriculture, de l'industrie, des mines, de la pêche et donne la suite de la statistique professionnelle. Nous n'aurons donc à nous occuper que de la partie démographique des deux premiers volumes. Voici les points de vue sous lesquels ils ont été élaborés:

Superficie: en lieues carrées.

Familles et logements: nombre.

Population totale.

Lieu de naissance: Tous les pays relevés (en distinguant chaque État de l'union); sans distinction de sexe et en combinaison (pour chaque État) avec la race blanche, — colorée, — chinoise, — indienne. — Des tableaux spéciaux donnent aussi une combinaison de la race (blanche, noire, mulâtre, chinoise, indienne) en distinguant partout entre nés dans et nés hors des États-Unis et en combinaison avec les groupes d'âges suivants:

5—18 ans par sexe.

18—45 ans et
au-dessus de 21 ans } sans distinction de sexe.

Connaissance de la lecture et de l'écriture: pour les personnes au-dessus de 10 ans, en combinaison avec les quatre catégories établies pour les races et en distinguant le sexe.

Confession: les principales confessions en indiquant pour chacune le nombre des communautés et des adhérents*).

---

*) Nous croyons qu'il sera de quelque intérêt d'apprendre à connaître la liste des confessions qui sont relevées dans l'ouvrage du recensement. Les voici dans l'ordre dans lequel elles sont dépouillées: Baptist, Christian, Congregational, Episcopal, Lutheran, Methodist, Presbyterian, Reformed (Late Dutch) Romancatholic, Universalist, Congregational. Jansenist, Unitarian, Friends, New-Jerusalem, Mormon, Second Advent, United brothern in Christ, Evangelical association, Reformed (late German.)

Nous passons au second volume dont nous relevons ce qui suit:

Races : blanche, — noire, — mulâtre, — chinoise, — indienne en distinguant les indigènes des étrangers; par sexe.

Age. 0—1—2—3—4—5. — 15—18—20—21—25—30 ans et de même par périodes quinquennales jusqu'a 80 ans **) ; au — dessus de 80 ans par périodes annuelles. Avec distinction du sexe et en distinguant les blancs (nés aux États-Unis, — nés hors des E. U.) les colorés, les chinois et les indiens.

Cécité, Sourd-mutisme, Idiotisme, Aliénation | en combinaison avec les cinq races mentionnées ci-dessus et en indiquant pour chacune d'elles le pays de naissance; le tout séparément pour les personnes nées aux É. U. et séparément pour les personnes nées à l'étranger. Tout cela par sexe.

Outre cela, nous trouvons des tableaux spéciaux qui donnent (en distinguant les races mentionnées) l'âge des idiots et des aliénés selon les groupes suivants: 0—1—5—10—15—20 ans, et puis en périodes décennales; par sexe. — Les combinaisons des différentes infirmités sont établies pour les blancs, les noirs et les mulâtres avec distinction du sexe.

**) Vor I. vol. Page XXXVIII.

CHAPITRE V.

Projet d'un cadre international pour un recensement du monde civilisé.

Abordons maintenant la tâche que nous nous sommes imposée, à savoir de préciser la forme des tableaux de dépouillement qui devraient être remplis uniformément dans tous les pays.

Dans le troisième chapitre nous avons présenté un aperçu synoptique de tous les points de vue démographiques qui sont pris en considération par les recensements des pays civilisés. En conséquence de cela nous sommes à présent à même de faire un choix des faits à observer qui nous semblent avoir une valeur internationale.

Ce sont incontestablement les résolutions du Congrès de St. Pétersbourg qui doivent en premier lieu fixer notre attention. D'après ce que nous en avons dit les points reconnus comme essentiels par ce Congrès se présentent comme suit :

Nom et prénom ;

Sexe ;

Age ;

Rapport au chef de la famille (ménage) ;

État civil (conjugal) ;

Profession (condition) ; (nous avons déjà dit que nous avons dû renoncer actuellement au dépouillement de ce point.)

Culte ;

Nationalité ethnographique (langue parlée) ;

Connaissance de l'écriture ;

Lieu (pays) de naissance ;

Domicile légal (lieu ou pays) ;

Résidence ordinaire ;

Caractère (durée) de la présence ou de l'absence ;

Cécité ;

Sourd-mutisme ;

Idiotisme et crétinisme;

Aliénation mentale.

Le rapport au chef de la famille et la résidence ordinaire sont les questions qui fournissent les résultats les moins importants au point de vue des comparaisons internationales; mais les égards que nous sommes tenu d'avoir vis-à-vis des résolutions des Congrès nous font considérer comme un moindre mal l'adoption de deux points moins importants que l'abandon de résolutions internationales.

Outre les points mentionnés dans les décisions de St. Pétersbourg, il y en a d'autres dont le relevé est la conséquence immédiate des résolutions prises à l'égard du procédé des recensements, à savoir:

Nombre et population des communes;

   »   »   »   » maisons;

   »   »   »   » ménages.

Comme nous l'avons déjà dit plus haut, les résolutions des Congrès antérieurs, en tant qu'elles ne sont pas en contradiction avec celles de St. Pétersbourg, n'ont pas été révoquées, mais seulement considérées comme non essentielles. Voici celles qui rentrent dans cette catégorie:

Personnes atteintes de maladie. Par égard à l'extrême diversité de signification qu'on peut donner à cette expression, ce relevé — qui, d'ailleurs, n'est effectué que très rarement (en Irlande en 1861 et en 1871, en Hongrie en 1881), — ne semble guère se prêter à une évaluation internationale.

Nombre des enfants fréquentant l'école primaire. Vu le relevé touchant la connaissance de l'écriture, ce point a perdu sa signification.

Degré de parenté des mariés et;

Enfants trouvés. Ces deux points n'ont été relevés nulle part; il semble convenable de les omettre. Nous rappellerons à cet égard que ce sont là les deux seuls points de levée contre lesquels une protestation directe a été formulée aux Congrès, à savoir par les représentants de la France et de l'Angleterre.

Profession auxiliaire. Vu que même des États qui d'abord avaient relevé ce point, comme p. e. l'Allemagne, l'ont plus tard abandonné, nous préférons aussi ne pas le prendre en considération.

Nombre des chambres. Il serait extrêmement désirable de recueillir cette donnée qui est recommandée par les Congrès.

Il ne nous plus reste maintenant qu'à passer en revue les renseignements que certains pays ont trouvé bon de recueillir. Les voici :

Lieux où se trouvent les individus momentanément absents ;

Dénombrement des goîtreux ; des sourds ; des muets ; des estropiés.

Différence entre villes et campagne ;

Accomplissement du service militaire.

Filles-mères ;

Années de mariage ;

Résidence ordinaire des personnes momentanément présentes. (Cette question coïncide sensiblement avec la question concernant la »résidence ordinaire«.)

De tous ces points il n'y en a que deux qui semblent avoir de la valeur pour les recherches internationales, à savoir : la distinction entre villes et campagne et le lieu de séjour de ceux qui sont momentanément absents ; le second point est recommandable surtout parce que, — supposé des recensements simultanés, — les relevés des différents pays offriraient une sorte de contrôle mutuel.

Nous allons maintenant passer en revue point par point les relevés démographiques auxquels nous avons reconnu une valeur internationale et nous ferons à chaque pas des propositions concernant la forme des tableaux de dépouillement qu'il nous semble désirable de voir se publier d'une manière uniforme dans tous les pays du monde.

Nous établirons aussi à l'égard du dépouillement une distinction entre les relevés absolument indispensables et ceux qui ne le sont pas. Ces derniers figureront entre parenthèses carrées [   ]. Mais nous relèverons que même parmi ces renseignements facultatifs il ne se trouvera que ceux dont la nécessité est parfaitement justifiée par les vues actuelles de la science démographique. Les questions de controverse seront éliminées, attendu que, bien qu'il soit tout à fait digne des recherches d'un savant de jeter quelque lumière sur les parties encore obscures de notre science, il semble pourtant qu'il ne conviendrait nullement de faire appel à la coopération de tous les gouvernements en vue d'une simple expérience dont les résultats incertains, — peut-être négatifs, — pourraient ne pas être en proportion avec les efforts qu'ils exigeraient.

En tant que les propositions que nous aurons à faire se rencontrèrent avec celles qui se trouvent énoncées dans l'excellent mémoire de MM. Sémenow et Anoutschin, nous ne manquerons naturellement pas d'y revenir.

Sexe.

La différence des sexes qui s'impose d'une manière si absolue à toutes les communautés humaines ne peut manquer de jouer le plus grand rôle dans les observations démographiques, ce qui rend bien naturel le fait qu'il n'existe presque pas dans les ouvrages de recensements de tableaux qui n'admettent pas la distinction des sexes. Néanmoins, on en rencontre toujours çà et là qui ne se rapportent qu'à la totalité de la population. — Bien que nous trouvions dans le mémoire de MM. Sémenow et Anoutschin la proposition »que les sexes soient distingués dans tous les tableaux et dans toutes les combinaisons possibles« il nous semble que la distinction des sexes ne doit être obligatoire que pour les relevés suivants:

Age, État civil, Confession, Degré d'instruction, Nationalité ethnographique et politique, Durée ou Caractère de la présence et de l'absence (pour en pouvoir calculer la population de demeure par sexe), *Lieu de naissance, Infirmités, Villes* et *Campagne.*

Voici maintenant l'énumération des relevés démographiques où l'on pourrait s'abstenir de la distinction obligatoire des sexes:

Rapport au chef de la famille. Si l'on admettait en général que ce point se prêtât à des comparaisons internationales, il y aurait pourtant lieu de convenir qu'il suffirait de savoir quel est le nombre de parents, d'étrangers, etc., dont se composent les familles dans les différents pays, sans éprouver la nécessité d'entrer dans la spécification du sexe. On s'en passera d'autant plus, si l'on considère que la réponse qu'on recevra à cette question ne précisera pas, dans la plupart des cas, les éléments dont se compose la famille, mais bien ceux du ménage, et que la signification que l'on donne à l'idée de »ménage« est tellement différente de pays à pays qu'on ne penchera guère à attribuer une trop grande valeur à cette partie des levées.

Domicile légal, Résidence ordinaire. Ces points ont plus d'importance pour la statistique interne que pour la statistique internationale.

Lieu de séjour des individus momentanément absents. La distinction des sexes n'offre pas un grand intérêt.

Age.

Nous croyons que tout le monde se ralliera à la proposition de MM. Sémenow et Anoutschin qui renferme l'adoption des périodes annuelles (par sexe.) ,

Nous y ajouterons encore les points suivants :

que l'âge soit exprimé par années révolues (décision des Congrès).

que les années d'âge soient spécifiées jusqu'à la centième année en ajoutant une colonne pour ceux qui ont dépassé la centième et une colonne pour les cas non-constatés. (La manière de fixer l'âge par une évaluation purement arbitraire des employés du dépouillement ne nous semble pas recommandable.)

[Il est désirable de spécifier l'âge de la première année, sinon d'après les mois, du moins d'après les trimestres ; où la spécification procède par mois, il serait désirable de spécifier la seconde année par trimestre].

Voici les points pour lesquels il faudrait faire entrer l'âge en combinaison :

Villes et campagne, État civil, Infirmités [Degré d'instruction], Confession, Nationalité ethnographique. Ces deux derniers points devraient surtout être adoptés par égard à la différence qui existe entre les divers cultes et les races quant à la fécondité, à la natalité et, à la mortalité. Quant aux groupes d'âge à établir pour ces combinaisons voir les paragraphes qui y sont relatifs.

Rapport au chef de la famille.

.MM. Sémenow et Anoutschin ont fait allusion en 1873 à la grande diversité et à l'insuffisance des données relatives à la composition des ménages, et ont par conséquent pensé qu'il serait prématuré de demander une unification et d'en vouloir indiquer les formes. Or, depuis ce temps, les méthodes de dépouillement relatives à ce point ont été beaucoup développées (commep. ex. dans l'Empire allemand et dans le grand Duché de Baden), et il semble que les méthodes d'élaboration commen-cent à se cristalliser autour de quelques points. Ainsi il nous semble bien probable que d'après les exemples qui nous sont fournis par les Pays-bas, l'Angleterre et l'Allemagne, on n'abandonnera plus la distinction fondamentale entre les individus isolés et ceux qui vivent en famille ou qui sont placés dans des institutions (Anstalten). Si même, pour le moment, on laissait en suspens la question de savoir si l'on pourrait proposer comme prototype international les modèles les plus développés de l'Angleterre et de Baden, on jugera pourtant désirable de trou-ver des distinctions entre les individus appartenant à la famille proprement dite et les autres membres du ménage ; aussi admettera-t-on probablement quelques signes caractéristiques pour ces derniers. Mais ce qui semblera indispensable serait, selon nous, une spécification des institutions ; on pourrait accepter à cet égard comme modèle le schème de la Prusse.

Nos propositions tendraient donc à spécifier :

A) *les individus isolés*, sans distinction de sexe ;

B) *les individus vivant dans les ménages*, sans distinction de sexe ; [distinction facultative entre : membres de la famille, — locataires et hôtes, — aides industriels et commerciaux, — domestiques, — autres personnes.]

C) *les institutions*, en distinguant le nombre des insti-tutions et celui de leurs habitants d'après les catégories suivan-tes : Institutions de location, — pour soins et guérison, — pour éducation et instruction, — pour but religieux. — pour retraite et bienfaisance, — pour détention et punition, — pour but militaire, — (jusqu'ici nous avons suivi le schème prussien) ; on devrait ajouter : bateaux ; — autres institutions.

État civil.

Le relevé du nombre des non mariés, des mariés, des veufs et des individus légalement divorcés nous semble indispensablement néces-saire. Le nombre des individus vivant séparés pourrait aussi être pris en considération, vu la circonstance que ce point délicat de la vie de famille pourrait être relevé sans poser de question directes mais par le simple contenu des formulaires des levées. *) [Le dépouillement des différences d'âge entre les mariés, — voir le schème anglais — est aussi incontestablement d'un grand intérêt, surtout par rapport à la fécondité des mariages. Comme dans le mouvement de la population on accorde tant de soin à l'âge des fiancés, il y a motif de s'étonner que le même point ait été si peu pris en considération lors du dépouillement des résultats des recensements.]

L'état civil se trouvant en dépendance directe de l'âge, la combinaison de ces deux points est indispensablement nécessaire. Le relevé de l'état civil pour chaque année d'âge ne semble pas essentiellement nécessaire. En conséquence, il semble qu'il suffirait de réunir les quinze premières années de la vie en une colonne et de commencer de là par périodes quinquennales. **)

Voici donc nos propositions :

Spécification des non mariés, mariés, veufs et des individus légalement divorcés, par périodes d'âge quinquennales et par sexe.

Désignation des époux vivant séparément, par sexe, [*Différence d'âge des époux selon les groupes suivants : l'homme ou la femme est plus agé de 0—5 ans, de 5—10—15—20—25—30—35—40—45—50— et plus de 50 ans.*]

Combinaison de l'état civil avec les infirmités, le culte, villes ou campagne, nationalité (ethnographique): voir les paragraphes qui y sont relatifs.

Confession.

On ne peut que consentir à la proposition de MM. Sémenow et Anoutschin, qui exigent qu'on établisse pour tous les cultes relevés la distinction du sexe.

---

*) Tous les individus mariés· qui sont recensés seuls et qui n'inscrivent pas leur conjoint comme momentanément absent rentrent dans cette rubrique.

**) Dans les pays tropicaux où l'on a coutume de se marier avant cet âge, il faudrait abaisser cette limite.

Nous ajouterons les combinaisons dans lesquelles ce point nous semble devoir entrer:

Age: groupe décennaux, avec distinction du sexe;

État civil: Cette combinaison nous semble tout à fait indispensable, vu l'influence prédominante qu'exerce la confession sur la contractation et la dissolution du mariage. Il faudrait distinguer les sexes. La double combinaison de

[*l'âge avec l'état civil* mérite aussi d'être prise en considération pour faire connaître l'influence exercée par la confession sur l'entrée tardive ou prématurée en mariage. Dans ce but on devrait consigner pour chacun des cultes *principaux*:

> le nombre des mariés (hommes, femmes) par périodes annuelles d'âge de 15 à 30 ans, et au-dessus par périodes quinquennales;
>
> le nombre des non mariés (hommes, femmes) par périodes quinquennales.]

Pour la combinaison de la confession avec la *nationalité ethnographique* le *degré d'instruction*, les *villes et la campagne*, et les *infirmités* voir plus bas.

Nationalité ethnographique.

A partir de ce paragraphe nous ne rencontrons plus de décisions dans le rapport de M. Sémenow, excepté les trois questions qui concernent le rapport des personnes au lieu du recensement.

Conformément au procédé suivi pour la statistique des cultes, il faut aussi pour cette question exiger la spécification de toutes les nationalités levées, en tenant compte du sexe.

Pour les combinaisons on aura à distinguer:

L'âge: par groupes décennaux et avec distinction des sexes.

État civil
[*État civil avec l'âge*] } voir plus haut »Confession«.

Confession. Vu le rapport intime qui existe entre la confession et la race, et qui donne une marque si caractéristique à la physiognomie ethnographique des peuples mixtes, on ne devrait nulle part supprimer cette série des combinaisons, — en supposant toujours naturellement que ce point ait été relevé.

On pourrait bien se borner à ne mettre en relation que les cultes principaux avec les races principales, comme on pourrait aussi se passer de la distinction du sexe.

Pour la combinaison avec le *degré d'instruction*, les *villes et la campagne*, et les *infirmités* voir plus bas.

Degré d'instruction.

On rencontre une triple élaboration de la question relative à la connaissance de l'écriture et de la lecture : ceux qui savent lire et écrire, qui ne savent que lire, et qui ne savent ni lire ni écrire (illettrés) ; mais nous croyons qu'il suffit absolument de se borner à la désignation des illettrés, en distinguant le sexe.

Vu l'influence prépondérante qu'exerce la confession et la race sur la marche des études et sur le désir de s'instruire on devrait reconnaître comme obligatoire la combinaison des données relatives au degré d'instruction

à la nationalité ethnographique et
à la confession $\Big\}$ par sexe.

[Dans la plupart des dépouillements relatifs au degré d'instruction on trouvera des colonnes concernant l'âge, mais seulement dans le but d'éliminer jusqu'à un certain degré d'âge la population enfantine, pour ne mettre en rapport que la population plus âgée avec le nombre des illettrés. Mais ceci rentre plutôt dans la catégorie de la statistique comparative que dans la statistique »d'exposition«. Pour cette dernière, nous proposons d'introduire aussi la combinaison de l'âge, pour pouvoir suivre à l'aide de ces données, la répartition des illettrés dans les différentes générations, ce qui nous mettra à même de porter quelque jugement sur l'accélération ou le ralentissement de la marche de l'instruction dans les temps qui viennent de s'écouler. En introduisant ce dépouillement par âges aussi dans la statistique des confessions et des races, on arrivera à des résultats caractéristiques et extrêmement curieux concernant la marche générale de l'instruction chez chacune des races et des confessions principales. *)

---

*) Comme c'est entre 5 et 10 ans que la grande majorité des enfants apprend à écrire, le degré d'instruction des différentes générations jetterait quelque lumière sur l'état de l'instruction publique, dans la période qui est de 5 à 10 ans plus récente que l'année de naissance de cette génération, J'ai

Nous recommanderons par conséquent de faire le dépouillement du degré d'instruction aussi bien pour le total de la population que pour chacune des nationalités et des confessions principales par périodes quinquennales, en distinguant toujours le sexe].

Quant à la répartition des illettrés dans *les villes et dans la campagne* v. à la fin.

Infirmités.

En nous référant aux renseignements extrêmement précieux qui sont publiés dans la plupart des pays sur l'état des infirmes, qui font à tant d'égards appel à l'ingérence de l'État et de la société, nous recommanderons comme obligatoire le dépouillement.

des aveugles
des sourds-muets
,des idiots et crétins
des aliénés
} avec indication s'ils sont dans leur famille ou dans les hospices et en distinguant le sexe.

puis la combinaison des différentes infirmités, savoir: c é c i t é avec — sourd-mutisme, — idiotisme, — aliénation,

sourd-mutisme avec idiotisme, — aliénation. Outre cela la combinaison suivante avec d'autre points de levées:

Age: en périodes annuelles par sexe.

État civil: non mariés, mariés, veufs, divorcés, par sexe.

Nationalité: seulement pour les principales nationalités, par sexe.

Confession: seulement d'après les principales confessions, par sexe.

Pour le nombre des infirmes dans les villes et dans la campagne voir à la fin.

---

publié le résultat d'observations analogues dans mon ouvrage sur la ville de Pest (publié en 1871 à Berlin en traduction, sous le titre de: »Die Stadt Pest im Jahre 1870«). Dans le même ouvrage on trouve aussi des données sur l'instruction des indigènes et des étrangers, comme aussi sur le degré d'instructions par professions et par confessions. Qu'il me soit permis de rectifier par cette allusion la remarque contenue dans le rapport de MM. Sémenow-Anoutschin, d'après laquelle ce serait le recensement de St. Pétersbourg (paru en 1872) où s'est trouvé pour la première fois une combinaison du degré de l'instruction avec la nationalité et la confession, tandis que la combinaison avec les professions est indiquée comme n'ayant été faite nulle part.

Lieu (pays) de naissance.

Nés dans la commune, — dans une autre commune de l'arrondissement (ou autre circonscription administrative), — dans d'autres départements du pays, — à l'étranger, avec spécification de l'Etat.

Les individus nés à l'étranger devraient être distingués selon qu'ils sont naturalisés ou non ; et pour chaque catégorie avec spécification des pays relevés.

Le tout avec distinction du sexe.

Lieu de naissance par villes et campagne voir plus bas.

Domicile légal des individus. (Nationalité politique.)

On indiquera le nombre des individus qui ont leur domicile légal dans la commune, — dans d'autres communes du département, — dans d'autres départements du pays, — à l'étranger en spécifiant l'État.

Résidence ordinaire.

Dans la commune, — dans d'autres communes du département, — dans d'autres départements du pays, — à l'étranger. — Sans distinction de sexe.

Caractère (durée) du séjour.

On indiquera le nombre des personnes présentes ou absentes : depuis 2 mois, — de 2 à 12 mois, — au-dessus d'un an ; avec distinction du sexe.

Lieu de séjour des individus momentanément absents.

Dans le département, — dans d'autres départements du pays, — à l'étranger, avec spécification du pays ; sans distinction de sexe.

Chambres (des maisons d'habitation, sans institutions).

Nombre des chambres avec 1 habitant au moins au-dessus de 1—3, au-dessus de 3—5, au-dessus de 5—10, avec plus de dix habitants.

Maisons d'habitation (sans institutions).

Nombre des maisons à 1—5—10—20—50—100—200—300, au-dessus de 300 habitants.

Nombre des maisons à 1—5,—10—15—20—30—40—50—75 —100—125—150, au-dessus de 150 chambres.

Nombre des maisons à rez-de-chaussée, — à 1, 2, 3, 4 et plus de 4 étages.

Communes.

Nombre des communes de 500 ou moins, de 501—1000—2000 5000 — 10,000 — 20,000 — 50,000 — 100,000 — 200,000 — 300,000, —400,000—500,000 au-dessus de 500,000 habitants.

Différence entre villes et campagne.

Si l'on veut introduire des observations de ce genre il faut absolument convenir d'un signe uniforme pour distinguer les villes des villages. On a fait à maintes reprises dans les Congrès la remarque que la dénomination légale n'aboutirait à rien. Comme enfin l'intérêt au point de vue de la statistique s'attache surtout à la g r a n d e u r des agglomérations, c'est la densité de la population qui doit fournir le trait distinctif. On a proposé à Londres, — mais sans avoir pris de résolution à cet égard — de regarder comme campagne tout lieu d'habitation au-dessous de 2000 habitants. Acceptons donc cette limite. Mais vu les circonstances tout à fait spéciales des grandes villes, nous proposons de faire encore une distinction pour les villes au-dessus de 100,000 habitants.

La distinction entre campagnes et villes devrait rentrer dans les tableaux suivants:

Sexe.

Age: (périodes quinquennales) par sexe.

[Rapport au chef de la famille; selon les catégories établies].

Etat civil: »   »   par sexe.

Confession: nombre des confessions principales ⎱ sans distinc-
Nationalité: »   » nationalités   ⎰tion de sexe.

Nombre des illettrés par sexe.

Nombre des infirmes par sexe.

Lieu (pays) de naissance, sans distinction de sexe.

Conclusion.

Si nous passons maintenant en revue tous les vœux dont l'accomplissement serait exigé pour nous faire parvenir au but si désirable d'un recensement du monde civilisé, nous ne tarderons pas à remarquer que ce qu'on devrait demander à cet égard aux bureaux de statistique ne renferme absolument rien d'extraordinaire, ni qui exigerait un travail irréalisable, mais que, au contraire, tout ce que nous proposons est si simple et d'une exécution si facile, que la somme de travail exigé est extrêmement réduite en comparaison de la grandeur de but à atteindre.

En effet, on reconnaîtra que, loin d'imposer pour une grande partie des travaux proposés un nouveau travail, il n'exigerait que des *changements* relatifs au groupement des rubriques déjà existantes. Or, il est clair que ce n'est que la multiplicité des indications particulières, des données *spécifiques,* qui occasionnerait un surcroît de travail, tandis que la multiplicité ou la variation des *groupements,* des points de vue *génériques* sous lesquels on réunirait les données déjà élaborées, ne peut présenter de sérieux obstacles. Et comme l'acceptation d'un cadre international n'empêche aucunement que chaque bureau ne publie aussi à l'avenir ses levées comme il le trouvera convenable ; qu'il ne s'agit ici, que de publier à côté des grands relevés, quelques tableaux synoptiques qui se prêtent à une comparaison internationale : il nous semble qu'il ne faut qu'un peu de bonne volonté de la part des chefs

de bureaux pour transformer tel ou tel groupement d'âge insigni-
fiant, pour réunir sous quelques rubriques générales les espèces bien
plus nombreuses qu'ils publient d'ailleurs, — tout autant de mo-
difications auxquelles personne n'attache de valeur et à l'égard
desquelles il ne faut que s'entendre pour que tous les bureaux
suivent la même voie.

Provoquer cette entente entre les bureaux de statistique,
arrêter les compromis nécessaires dans l'intérêt de l'uniformité
des données, c'est bien là la tâche des Congrès internationaux
de statistique. Il est certes bien regrettable qu'au moment même
d'entreprendre le recensement d'une grande partie du monde, le
Congrès n'ait pu se réunir pour arrêter les formes définitives
sous lesquelles cette grande opération aurait dû être effectuée. Or,
ayant manqué cette occasion, nous voyons renvoyée à dix années
de distance la possibilité de réaliser le recensement du monde
civilisé d'après un plan uniforme!

Peut-être cette réflexion engagera-t-elle quelques-uns des
directeurs de bureaux de statistique, qui auront à diriger le grand
recensement décennal de 1880/81, à se décider en faveur d'un
plan qui leur aura été présenté par qui que ce soit. Peut-être
qu'avant de faire entrer dans chaque maison des villes et des
villages de l'Europe et de l'Amérique leurs bataillons de recenseurs disciplinés, les savants qui dirigeront le mouvement de cette
armée *d'un million* de champions de la statistique,*) trouveront-
ils bon de s'entendre aussi sur un cadre international d'élaboration
qui rende au moins possible que cette expédition scientifique
— la plus étendue que le monde ait jamais vue! — puisse se
prêter aussi à des comparaisons internationales, but dernier et
suprême de toute entreprise demographique. Peut-être recon-
naîtra-t-on aussi à cette occasion que souvent mieux vaut pour

---

*) Il y avait, p. e. en Hongrie 16,000 recenseurs, et outre cela 130,000
propriétaires de maisons qui ont coopérés au recensement de 1870. Mais
seulement à Berlin il y avait 10,350 recenseurs et 21,000 propriétaires.

la démographie la comparabilité et l'uniformité des données que leur extrême perfection. Si en général l'on pouvait regarder comme un mérite d'avoir proposé un cadre, qui n'est *que très simple* ce mérite serait certainement bien faible: le véritable mérite reviendrait à plus juste-titre à ceux qui feraient preuve d'assez d'indulgence pour accepter un projet, bien qu'il n'ait pas été sanctionné par les Congrès, et bien qu'ils ne le trouvent pas en tous points convenable, — mais qui l'accepteraient pourtant, et cela pour la seule raison qu'ils auraient éprouvé la noble ambition de coopérer dans la grande tâche de la transformation des recensements nationaux des pays à un recensement international du monde civilisé.

Budapest, Novembre 1880.

www.ingramcontent.com/pod-product-compliance
Ingram Content Group UK Ltd.
Pitfield, Milton Keynes, MK11 3LW, UK
UKHW020339180726
13839UKWH00002B/808